환경을 내 몸같이

홍진복 · 이동태 · 이창건 지음

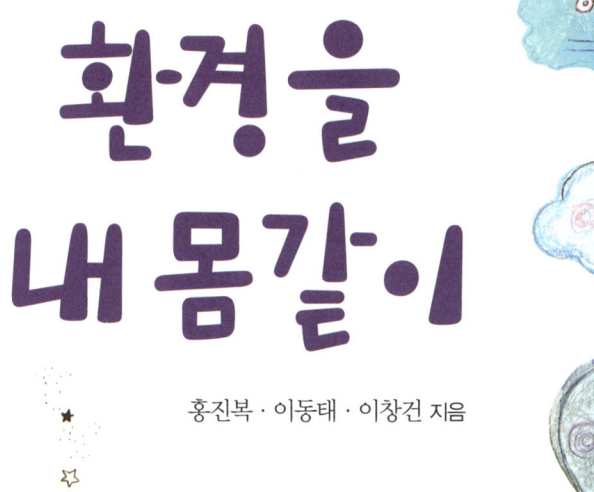

 일러두기

◆ 옛날부터 중국에서는 우리 나라를 '동쪽의 예의바른 나라'라고 불렀습니다. 그만큼 우리 나라 사람은 예의를 중시하였습니다. 그런데 요즘에 와서는 나보다 남을 배려하고 서로 돕는 바르고 착한 심성이 부족하여 걱정을 하는 사람이 많습니다. 특히 미래의 주인공이 될 어린이들이 바른 심성을 갖고 살아갈 때 우리의 미래는 밝아질 수 있습니다. 이러한 취지에서 이 책은 초등 학교 어린이들의 인성 교육 교재로 활용하도록 만들었습니다.

◆ 이 책은 초등 학교 어린이의 인성 발달 단계를 고려하여 각 단계별로 1권씩 모두 6권으로 만들었으며, 1~2단계는 바른 생활과, 3~6단계는 도덕과의 연계성을 고려하여 가능한 바른 생활(도덕)과의 내용 체계와 덕목을 중심으로 일상 생활에서 많이 경험하는 내용을 선정하였으며, 이야기 자료, 활동 자료 등으로 재미있고 즐겁게 학습하도록 꾸몄습니다.

◆ 이 책은 총 16단원으로, 1단원은 2시간 학습량으로 다음

과 같은 체제로 꾸며졌으므로 지도하시는 데 참고하시기 바랍니다.

➡ 학습 개요
  활동 목표, 영역, 유의 사항, 차시, 이렇게 시작해요, 학습 활동, 아름다운 생활을 위하여
➡ 학습 활동(1, 2)
➡ 아름다운 생활을 위하여

◆ 이 책을 지도하시는 선생님께서는 도덕적 지식을 가르치는 것보다 올바른 행동 실천을 강조하시되, 활동 중심 수업으로 전개하셔서 어린이들이 재미있고 즐거운 학습을 하는 가운데 바르고 착한 심성이 길러지도록 지도하여 주시기 바랍니다.

지은이 씀

# 차 례

◆ 일러두기

1. 정직한 생활 …………………………… 8

2. 검소한 생활 …………………………… 16

3. 절제하는 생활 ………………………… 24

4. 공경하는 마음 ………………………… 32

5. 준법 정신 ……………………………… 40

6. 봉사하는 생활 ………………………… 46

7. 존중하는 삶 …………………………… 52

8. 정의로운 사람들 ……………………… 58

9 민주적인 생활 …………………………………… 64

10 나와 우리 민족 …………………………………… 70

11 나라를 사랑하는 마음 …………………………… 76

12 평화 통일을 위하여 ……………………………… 82

13 다른 나라의 문화 생활 ………………………… 90

14 살기 좋은 지구촌 ……………………………… 98

15 환경을 내 몸같이 ……………………………… 104

16 소중한 생명들 ………………………………… 112

1 정직한 생활

활동 목표	▶ 일상 생활에서 정직의 의미를 알고, 이를 실천할 수 있습니다.	영역	기본 생활 습관 정직(도덕적 가치)
유의 사항	▶ 스스로 실천, 다짐할 수 있는 마음가짐을 가집니다.	차시	1-2

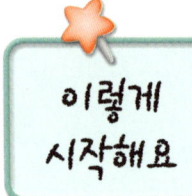

- '정직'의 의미를 떠올리며 마인드 맵으로 나타내 봅시다.
  - 우리 반에서 정직하다고 생각되는 친구를 찾아 그 이유를 생각해 봅시다.

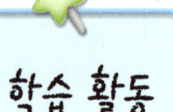

- '눈병 앓은 할머니와 의원'을 읽고, 생각을 키워 봅시다.
  - 인물의 성격을 알아보고, 느낀 점을 발표해 봅시다.
  - 만약 내가 이야기 속의 한 인물이라면 어떻게 했을까 생각해 봅시다.
  - 이야기와 관련된 명언이나 속담을 생각해 봅시다.
  - 정직한 행동이 왜 필요한지에 대해서 이야기해 봅시다.

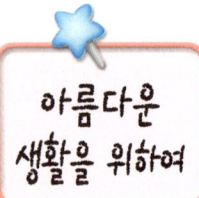

- 정직한 생활을 실천하기 위해 앞으로의 계획을 세워 봅시다.

 '정직'의 의미를 떠올리며 마인드 맵으로 나타내 봅시다.

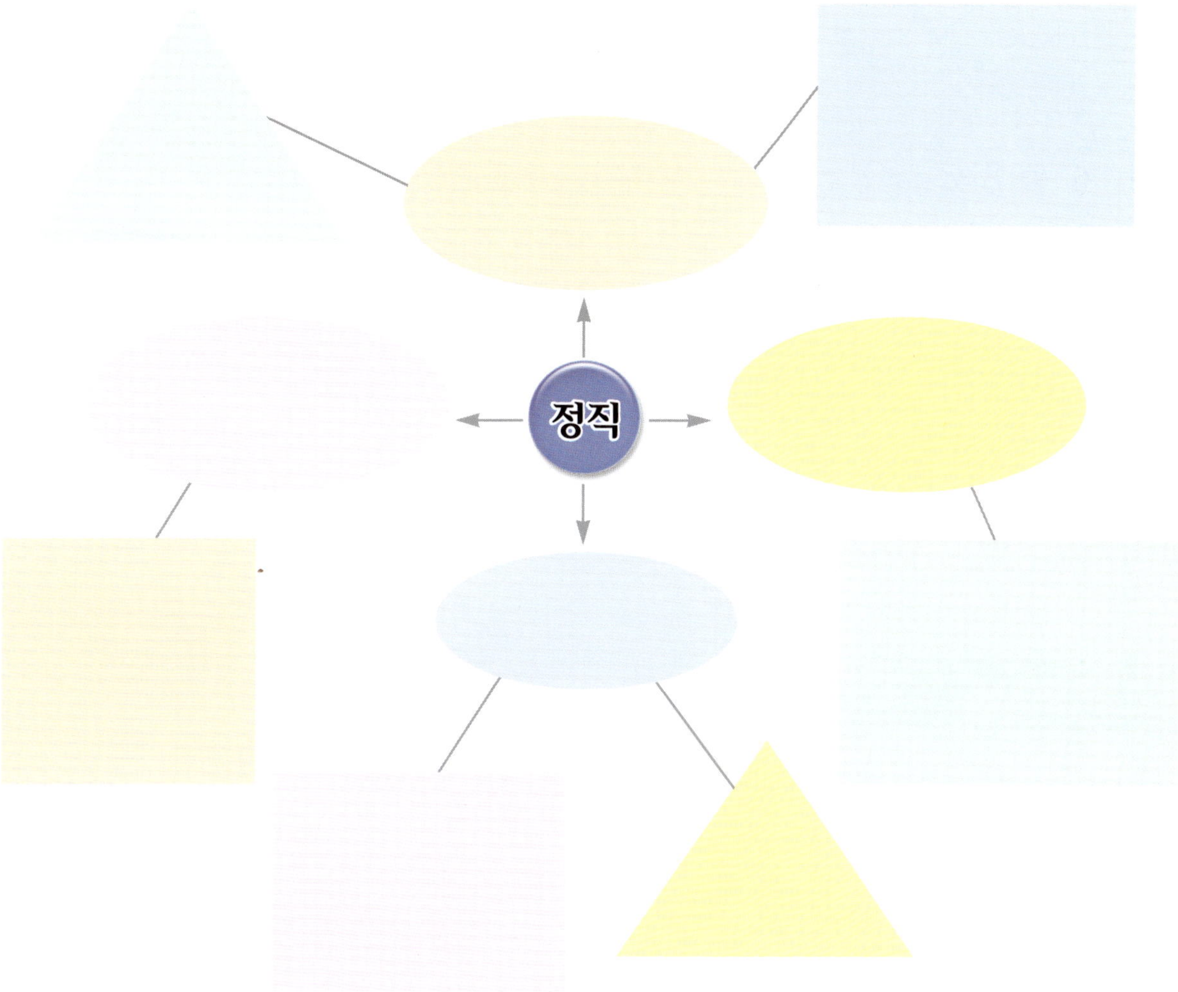

정직

● 우리 반에서 가장 정직하다고 생각되는 친구를 찾아 그 이유를 적어 봅시다.

이 름 :
이 유 :

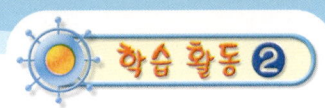

● 다음 이야기를 읽고, 생각을 키워 봅시다.

눈병 앓은 할머니와 의원

　남편도 자식도 없이 혼자 사는 할머니가 눈병이 났습니다. 눈이 쓰리고 아프더니 나중에는 앞을 못 보는 장님이 되었습니다. 할머니는 이웃 사람에게 부탁하여 눈병 고치는 의원을 불렀습니다. 혼자 사는 할머니가 앞을 보지 못하게 되었으니 병을 고치러 다닐 수도 없으므로 매일 의원이 할머니 집에 와서 약을 써 주기로 하였습니다.

　"어떻소? 내 눈을 고칠 수 있겠소?"

하고 할머니가 걱정스런 얼굴로 묻자,

　"고치기 어려운 병이라 오래 치료를 해야겠습니다만, 약을 잘 쓰면 나을 수 있습니다."

하고 의원은 장담을 했습니다.

　"어떻게든지 앞을 볼 수 있게만 해 주시면 돈은 얼마든지 드릴 테니 부디 잘 봐 주시오."

　이렇게 해서 의원은 매일 할머니 집에 와서 약을 발라 주고 가곤 했습니다.

　그런데 이 의원이 사실은 아주 마음씨 나쁜 사람이었습니다. 병을 치료하는 데는 별 재주가 없었지만 남의 물건을 슬쩍슬쩍 훔치는 데는 뛰어났습니다. 할머니 집에 왔다 갈 때는 할머니가 앞을 못 보는 걸 다행으로 알고, 값나갈 만한 물건을 하나씩 집어들고 가는 것이었습니다. 날마다 한 가지씩 들고 가니 한 달, 두 달, 세 달, 눈병을 치료하는 동안 집 안의 세간이 거의 다 없어졌습니다.

　오랫동안 치료를 하여 할머니의 눈병이 드디어 나았습니다.

　"이제 더 치료하지 않아도 좋습니다."

의원이 하는 말에 할머니도 처음에는 좋아했습니다. 정말 못 보던 눈이 보이게 된 것입니다.

그런데 의원이 치료비를 청구하자 할머니는,

"치료비라구요? 그건 드릴 수 없소."

하고 돈 줄 생각은 하지도 않았습니다.

"오랫동안 다니면서 병을 봐 드렸는데 치료비를 내지 않겠다니 그게 무슨 말이오?"

의원이 화를 내며 야단을 해도 할머니는 여전히,

"낼 수 없어요."

하고 치료비를 주지 않았습니다. 의원은 드디어 관청에 알렸습니다. '눈병을 고쳐 못 보던 눈을 보게 해 주었는데도 치료비를 전혀 주지 않으니 돈을 받게 해 주십시오.' 하고 재판을 청한 것입니다.

그러자 관원이 의원과 할머니를 함께 불러다 놓고 할머니에게 물었습니다.

"할머니는 이 의원에게 눈병을 치료받고도 비용을 내지 않겠다고 했다니 그게 정말이오?"

"네, 저는 눈병이 나서 앞을 못 보게 되었기로 볼 수 있게 고쳐 준다면 얼마든지 달라는 대로 치료비를 주겠다고 약속을 했습니다. 그런데 이 의원은 내 눈이 다 나았다고 하지만 아직도 안 보이는 게 한두 가지가 아닙니다. 전에는 방 안에 있는 세간들도 다 잘 보였는데 지금은 그런 것이 통 보이지를 않으니 어디 눈이 나았다고 할 수 있겠습니까?"

뜻밖의 말에 관원이 이상히 여겨 할머니의 눈을 들여다보았습니다.

"그럼 아직 앞을 못 본단 말이오?"

"아니올시다. 바깥의 것은 잘 보이오나 저희 집의 세간들은 하나도 보이지를 않습니다. 이 의원이 치료해 주는 동안 그것들이 하나둘씩 안 보이게 되었답니다."

할머니의 말을 듣고 상황을 눈치챈 관원은 의원의 집을 조사하여 할머니의 잃은 세간들을 도로 찾아 주고, 도둑질한 의원은 옥에 잡아 가두었습니다.

● '눈병 앓은 할머니와 의원'을 읽고, 인물의 성격을 알아봅시다.

등장 인물	말이나 행동	성 격
의 원		
할머니		

● '눈병 앓은 할머니와 의원'을 읽고 느낀 점은 무엇입니까?

● 나는 눈병 앓은 할머니처럼 물건을 빼앗기거나 없어졌을 때 어떻게 하였습니까? 또, 그렇게 하여 후회한 적이 있습니까?

● '눈병 앓은 할머니와 의원' 이야기에서 가장 기억에 남는 모습을 그려 봅시다.

● 나쁜 마음을 가진 의원에게 해 주고 싶은 명언을 적어 봅시다.

● 이 이야기와 관련된 속담을 찾아 적어 봅시다.

● 정직한 행동이 왜 필요한지에 대해서 이야기해 봅시다.

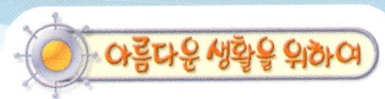

● 정직한 생활을 실천하기 위한 나의 다짐을 적어 봅시다.

- 가정에서

- 학교에서

- 그 외의 곳에서

2 검소한 생활

활동 목표	▶ 일상 생활에서 절약의 의미를 알고, 이를 실천할 수 있습니다.	영역	기본 생활 습관 절약(도덕적 가치)
유의 사항	▶ 스스로 실천, 다짐할 수 있는 마음가짐을 가집니다.	차시	3 - 4

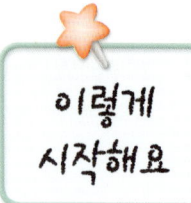

- '절약'의 의미를 알아보고, 주변에서 절약을 실천하는 친구를 찾아봅시다.

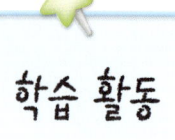

- '지우개' 이야기를 읽고, 생각을 키워 봅시다.
  - 이야기를 읽고 떠오르는 생각을 마인드 맵으로 정리해 봅시다.
- 조선 시대 일화를 읽고, 사치와 검소한 생활에 대해 생각해 봅시다.
  - 사치와 검소한 마음을 색으로 표현해 보고, 왜 그런지 말해 봅시다.

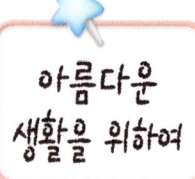

- '절약'이라는 제목의 시를 써 보고, 친구들에게 발표해 봅시다.
- '절약'을 실천하기 위해 선서문을 쓰고, 다짐해 봅시다.

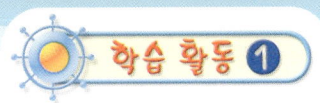

 '절약'의 의미를 알아보고, 주변에서 절약을 실천하는 친구를 찾아봅시다.

● 학급 내에서 물건을 아껴 쓰는 친구에 대하여 이야기해 봅시다.

● 절약하는 친구는 어떤 친구인가요?

● 그 친구에게서 본받아야 할 점을 말해 봅시다.

● 만약 내가 그 친구라면 다른 친구들에게 절약할 수 있는 방법을 어떻게 설명해 줄 수 있을까요?

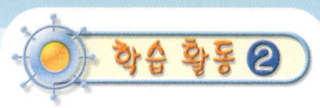  다음 이야기를 읽고, 생각을 키워 봅시다.

지우개

영철이의 빨간 필통에는 하얗고 예쁘게 생긴 고무 지우개가 살고 있었습니다. 그 옆에 있는 창수의 파란 필통에는 얼굴이 까맣고 키가 작은 지우개가 살고 있었습니다.

어느 날, 공부 시간이었습니다.

"까만 지우개야, 나와서 나하고 놀자."

흰 지우개가 말했습니다.

"나도 그러고 싶은데, 우리 주인이 날 붙잡고 놓아 주질 않는구나."

까만 지우개가 말하였습니다.

바로 그 때였습니다.

"아야, 아야! 나 좀 살려 줘요!"

하는 까만 지우개의 울음소리가 들려왔습니다.

흰 지우개는 깜짝 놀라 고개를 쑥 내밀고 사방을 둘러보았지만 까만 지우개는 보이지 않았습니다.

바로 그 때, 공부를 가르치시던 선생님이 창수 옆으로 다가오셨습니다.

"입 안에 든 것 내놓아요."

그러자 창수가 입에서 까만 지우개를 살그머니 꺼내어 필통 속에 넣었습니다.

"지우개를 아껴 써야 해요."

선생님은 창수에게 말씀하셨습니다.

까만 지우개는 너무 아파서 필통 속에서 엉엉 울었습니다.

어제는 창수 동생이 연필로 콕콕 찔러서 곰보 얼굴이 되었는데, 오늘은 창수가 입에 넣고 깨물었습니다.

공부 시간이 끝나고 쉬는 시간이 되었습니다.

자신의 행동을 뉘우친 창수는 필통을 열어 보며

"지우개야, 미안해. 다시는 안 그럴게."

하며 지우개의 아픈 곳을 만져 주었습니다.

까만 지우개는 울다 말고 눈물을 닦으며 웃었습니다.

● '지우개' 이야기를 읽고, 느낀 점을 말하여 봅시다.

_____
_____
_____
_____

● '지우개' 이야기를 읽고, 떠오르는 생각을 마인드 맵으로 정리해 봅시다.

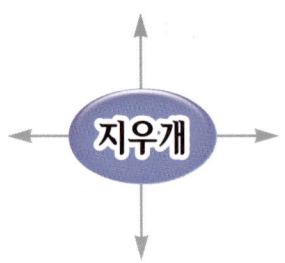

● 이 이야기에서 주는 교훈은 무엇일까요? 앞에서 쓴 것을 바탕으로 이 이야기의 교훈을 한 문장으로 써 보세요.

_____

● '지우개' 이야기에 어울리는 속담은 무엇인지 생각해서 써 보고, 그 이유도 써 보세요.

• 속 담 : _____

• 이 유 : _____

● 나의 생활 태도는 어떠한지 반성해 봅시다. 그리고 내가 만일 창수에게 편지를 쓴다면 어떤 내용을 쓸지 생각한 내용을 바탕으로 편지를 써 봅시다.

● 다음 글을 읽고, 사치와 검소한 생활에 대해 생각해 봅시다.

　조선 시대 인조 임금 때의 이야기입니다.
　공주님께서 부인들을 초대하여 잔치를 베풀기로 하였습니다. 그리하여 비단옷과 값비싼 패물로 단장한 부인들이 궁궐로 모여들었습니다. 그런데 막 잔치가 시작될 무렵, 한 부인이 나타났습니다.
　"어머, 저 옷 좀 보세요. 세상에 저런 촌스러운 사람이 어떻게 이런 잔치에 오나요?"
　양반댁 부인들은 모두 그 촌스러운 부인을 흉보기 시작했습니다.
　바로 그 때였습니다. 공주님이 벌떡 일어나 그 부인의 손을 잡으며 반갑게 맞아 주었습니다. 다른 부인들은 깜짝 놀라 서로 눈을 멀뚱거렸습니다. 그러나 그 부인은 담담한 웃음을 지으면서 조용히 앉아 있었습니다.
　양반댁 부인들은 나중에야 초라한 모습으로 온 그분이 좌의정 부인이라는 것을 알고는 모두 고개를 숙였습니다. 그처럼 검소한 차림으로 잔치 자리에 참석하고도 오히려 떳떳한 모습을 한 좌의정 부인이 정말 훌륭하고 멋있다고 생각했습니다. 이렇듯 검소한 사람은 절약을 생활화한다는 일화입니다.

● 사치가 가득한 마음의 색과 검소한 마음의 색은 어떤 색일까요? 내가 생각하는 색을 칠하고, 왜 그러한지 설명해 봅시다.

　● 사치의 색 : 　　　　　　　● 검소한 색 :

　● 설 명 :

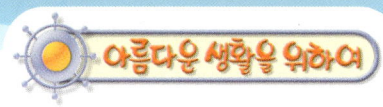

- '절약'에 대해 시를 한 편 써 봅시다.

- 절약을 실천하기 위해 선서문을 쓰고, 다짐해 봅시다.

- 선 서 -

나는 나의 명예를 걸고 다음을 꼭 지킬 것을 맹세합니다.

첫째,

둘째,

셋째,

년 월 일
선서한 사람

3 절제하는 생활

활동 목표	▶ 일상 생활에서 절제의 의미를 알고, 이를 실천할 수 있습니다.	영역	기본 생활 습관 절제(도덕적 가치)
유의 사항	▶ 스스로 실천, 다짐할 수 있는 마음가짐을 가집니다.	차시	5 - 6

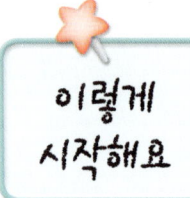

- 평소의 생활에서 '절제'의 의미를 알아봅시다.
  - 절제하는 생활을 하면 어떤 점이 좋을지 생각해 봅시다.

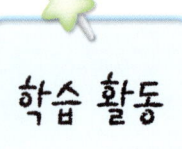

- '욕심 많은 부자'를 읽고, 느낀 점은 무엇인가요?
  - '욕심 많은 부자'에게 해 줄 수 있는 명언이나 속담이 있으면 말해 봅시다.
- 헛된 욕심을 부리다 손해를 본 경험이 있는 친구를 찾아 인터뷰해 봅시다.

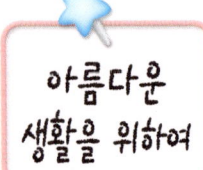

- '절제'하는 생활을 위해 내가 해야 할 것들을 다짐해 봅시다.

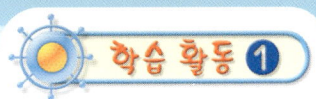# 학습 활동 ①

 평소의 생활에서 '절제'의 의미를 알아봅시다.

🔵 절제하는 생활은 어떤 생활인지 그림을 보고 생각해 봅시다.

①

②

③

④

● 지나친 욕심을 버리고 절제하는 생활을 하면 어떤 점이 좋을까요?

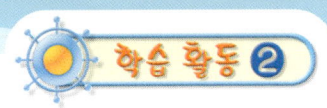

 다음 이야기를 읽고, 생각을 키워 봅시다.

이야기 1

욕심 많은 부자

어떤 마을에 부자 한 사람이 살고 있었습니다.

그 부자는 욕심이 많은 사람이었습니다. 그런데 그는 언제나 돈을 보자기에 싸 가지고 다니는 버릇이 있었습니다

어느 날, 부자는 칠백 냥이나 되는 많은 돈이 든 보따리를 그만 잃어버리고 말았습니다. 부자는 돈 보따리를 찾아 주는 사람에게 백 냥의 사례금을 주겠다고 널리 알렸습니다.

그러던 어느 날, 부자가 잃어버린 돈 보따리를 정직하고 착한 어느 노인이 찾아 주었습니다.

돈 보따리를 찾은 욕심 많은 부자는 몹시 기뻤습니다. 그러나 사례금으로 백 냥을 주어야 한다고 생각하니 아까워서 견딜 수가 없었습니다.

그래서 궁리 끝에 부자는 칠백 냥이 들어 있던 돈 보따리에 팔백 냥이 들어 있었다고 우겼습니다. 그리고는 노인이 백 냥을 미리 빼내 갔다고 거짓말을 하였습니다.

억울한 일을 당한 정직한 노인은 할 수 없이 이를 관가에 호소하게 되었습니다.

그러나 원님 앞에 나가서도 부자는 뻔뻔스럽게 거짓말을 되풀이하는 것이었습니다.

그러자 원님은 부자에게 물었습니다.

"당신이 잃어버린 보따리에는 팔백 냥이 들어 있는 게 틀림이 없소?"

"네, 그렇고말고요. 제가 잃어버린 돈은 분명히 팔백 냥입니다."

이번에는 돈을 주워 온 노인에게 물었습니다.

"당신이 주운 보따리에는 저 사람이 잃어버린 돈보다 백 냥이 적게 들어 있는 게 사실이오?"

"네, 제가 주운 돈은 이것이 전부입니다. 저 사람은 제가 백 냥을 미리 빼내었다고 말하지만, 제가 돈에 욕심이 있었다면 왜 백 냥만 가졌겠습니까? 아예 돌려 줄 생각도 하지 않았을 것입니다.'

두 사람의 이야기를 듣고 난 원님은 부자에게,

"당신은 틀림없이 팔백 냥이 든 보따리를 잃어버렸다고 했소. 그런데 이 노인이 주운 것은 칠백 냥밖에 들어 있지 않은 보따리요. 그러니 이 보따리는 당신의 것이 아닌가 보오."

하고는 진짜 주인이 나타날 때까지 이를 관가에 보관하겠노라고 말하였습니다.

● 욕심 많은 부자에 대해 생각해 봅시다.

- 욕심을 부리지 않았다면 어떻게 되었을까요?

- 욕심을 부린 결과 어떻게 되었나요?

● 이 이야기를 읽고, 느낀 점을 써 봅시다.

● 느낀 점을 다시 시로 표현해 봅시다.

● 욕심 많은 부자에게 해 줄 수 있는 명언이나 속담이 있다면 말해 봅시다.

● 헛된 욕심을 부리다가 손해를 본 경험이 있는 친구를 찾아 인터뷰해 봅시다.

친구 이름	
언　　제	
어 디 서	
어 떤 일	

● 느낀 점을 노래말로 지어 봅시다.

● 절제하는 생활을 위해 내가 해야 할 다짐들을 적어 봅시다.

나의 다짐

하나,

둘,

셋,

넷,

다섯,

4 공경하는 마음

활동 목표	▶ 일상 생활에서 공경의 의미를 알고, 이를 실천할 수 있습니다.	영역	기본 생활 습관 공경(도덕적 가치)
유의 사항	▶ 스스로 실천, 다짐할 수 있는 마음가짐을 가집니다.	차시	7 - 8

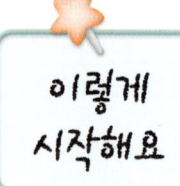

- '공경'이란 말을 다양하게, 그리고 어떻게 생각할 수 있는지 마인드 맵으로 표현해 봅시다.
- 어버이날에 있었던 일을 그림으로 그려 보며 공경의 의미를 생각해 봅시다.

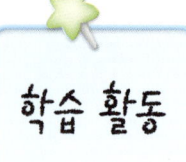

- '다이아몬드'를 읽고, 생각을 키워 봅시다.
  - 이야기를 읽고, 느낀 점을 써 봅시다.
  - 인물의 말이나 행동을 통해 성격을 알아봅시다.
  - 등장 인물 중 한 명에게 하고 싶은 말을 편지로 써 봅시다.

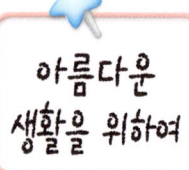

- 부모님께 못해 드려 후회가 된 점을 생각해 봅시다.
- '공경'이란 말을 떠올렸을 때 가장 기억에 남았던 추억을 그림으로 그려 봅시다.

학습 활동 1

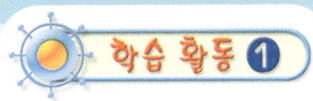

'공경' 이란 말을 다양하게, 그리고 어떻게 생각할 수 있는지 마인드 맵으로 표현해 봅시다.

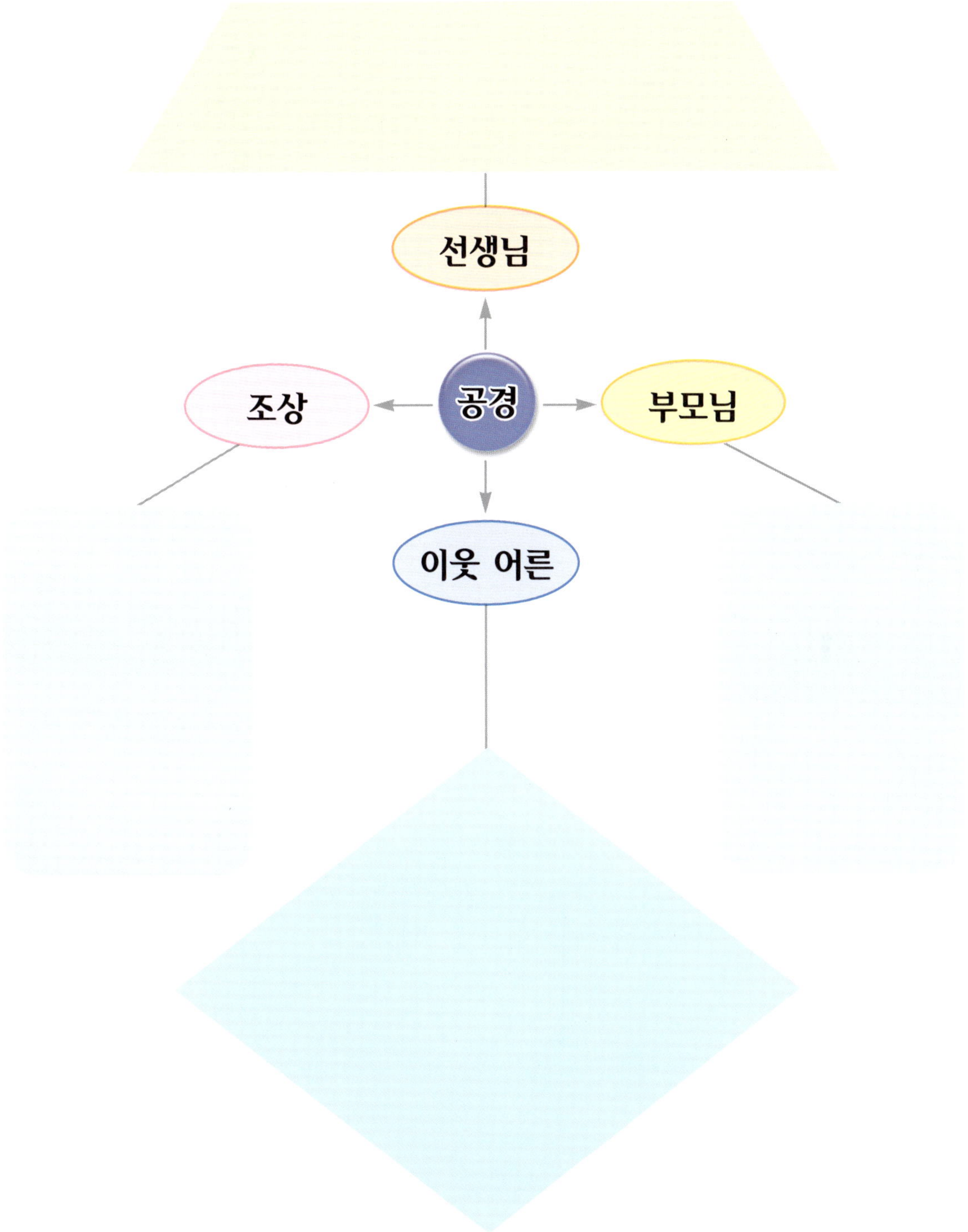

선생님
조상
공경
부모님
이웃 어른

● 지난 해 어버이날에 있었던 일을 그림으로 그려 보며 공경의 의미를 생각해 봅시다.

● 공경의 뜻을 나는 어떻게 생각하는지 써 봅시다.

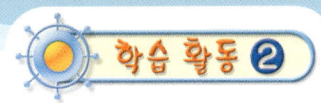

 다음 이야기를 읽고, 생각을 키워 봅시다.

다이아몬드

　오랜 옛날 이스라엘의 디마라고 하는 곳에 어떤 사나이가 살고 있었습니다. 그 사나이는 매우 값비싼 다이아몬드를 가지고 있었습니다. 어느 날 랍비가 교회의 장식에 사용할 좋은 다이아몬드를 찾다가 이 사나이의 소식을 들었습니다. 랍비는 금화 6천 개를 가지고 다이아몬드를 사기 위해 사나이의 집으로 찾아왔습니다.

　"당신 집에 귀중한 다이아몬드가 있다고 해서 왔습니다. 교회에 장식하고 싶은데, 그 다이아몬드를 팔지 않으시렵니까?"

　랍비가 말했습니다.

　"값을 잘 쳐주시면 팔겠습니다."

　"다이아몬드 값으로 금화 6천 개를 드리겠습니다."

　"금화 6천 개라고요? 좋습니다. 당신에게 다이아몬드를 팔겠습니다."

　"감사합니다."

　그런데 사나이가 다이아몬드를 넣어 둔 금고를 열려고 하는데, 열쇠가 없었습니다. 금고의 열쇠는 사나이의 아버지가 가지고 계셨기 때문입니다. 그런데 아버지가 계신 방에 들어갔다 나온 사나이는 아주 작은 목소리로,

　"죄송합니다. 지금은 다이아몬드를 팔 수 없습니다."

라고 말했습니다.

　"다이아몬드를 팔 수 없다니, 왜 그러십니까?"

　랍비가 물었습니다. 그러자 사나이는 더욱 목소리를 낮추면서,

　"실은 지금 아버지께서 주무시고 계시기 때문입니다."

라고 대답했습니다.

"그럼, 그 다이아몬드는 당신 아버지의 것입니까?"

"아닙니다. 다이아몬드는 제 것이지요."

"그렇다면 아버지가 주무시기 때문에 다이아몬드를 팔 수 없다는 건 무슨 말씀인가요?"

"그건 저 금고의 열쇠를 아버지께서 배개 밑에 넣고 주무시기 때문입니다."

"그럼 아버지를 잠깐 깨우시면 되지 않습니까?"

"그건 안 됩니다. 다이아몬드를 팔기 위해 곤하게 주무시는 아버지를 깨울 수는 없습니다."

"금화 6천 개라면 엄청난 돈입니다. 당신은 큰 부자가 될 텐데, 아버지를 깨우시지요."

"아닙니다. 아무리 큰 부자가 된다고 해도 주무시는 아버지를 깨울 수는 없습니다."

랍비가 아무리 사정을 해도 사나이는 주무시는 아버지를 깨우지 않았습니다.

큰 돈벌이로 부자가 될 수 있는데도 불구하고 주무시는 아버지를 깨우지 않은 사나이의 마음씨, 이것이 바로 부모님에 대한 참된 효도라고 탈무드에 기록되어 있습니다.

● '다이아몬드'를 읽고 줄거리와 느낀 점을 써 보세요.

- 줄거리 :

- 느낀 점 :

● '다이아몬드'에 나오는 인물의 말이나 행동을 통해 성격을 알아봅시다.

등장 인물	말이나 행동	성 격
랍비		
사나이		

● '다이아몬드'에 나오는 사나이 또는 랍비에게 편지글을 써 봅시다.

에게

년 월 일
올림

● 이야기 속의 사나이가 나라면 어떻게 했을지 생각해 보고, 부모님에 대한 참된 효도에 대해서 생각해 봅시다.

_____
_____
_____
_____
_____
_____
_____

● '다이아몬드'를 읽고, 느낀 점을 친구들과 이야기해 봅시다.

● 부모님께 못해 드려 후회가 된 점을 생각해 봅시다.

● '공경'이란 말을 떠올렸을 때 가장 기억에 남았던 추억을 그림으로 그려 봅시다.

5 준법 정신

활동 목표	▶ 사람들이 모여 사는 곳에 왜 법이 필요한지 그 까닭을 알 수 있습니다. ▶ 법을 지키면서 살아가려는 태도를 기릅니다.	영역	사회 생활 (준법)
유의 사항	▶ 법을 지키는 태도의 기본은 교실과 가정에서 규범을 지키는 것임을 깨닫고 실천하게 합니다.	차시	9 - 10

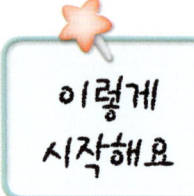

- 사람들이 모여 사는 공동체에 무엇이 필요한지 알아봅시다.
  - 질서 있고 평화로운 사회를 만들기 위해 무엇이 필요한지 생각해 봅시다.
  - 우리 반 십계명을 만들고 실천해 봅시다.

- '영국인의 질서 의식'을 읽고, 1등 국민이 되는 길에 대해서 생각해 봅시다.
- 법을 지켜야 하는 이유에 대해 서로 토론해 봅시다.

- 우리 생활 주변에서 지켜야 할 법을 서로 의논해 봅시다.
- 학교 내 폭력에 관해 대처하는 방법을 알아봅시다.

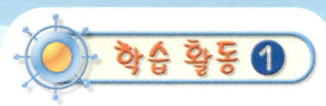

 사람들이 모여 사는 공동체에 무엇이 필요한지 알아봅시다.

무엇이 필요할까요?

　사람은 혼자서는 도저히 살 수 없습니다. 왜냐 하면 당장 우리에게 필요한 의복과 식량과 집을 스스로 자급 자족할 수 없기 때문이죠. 그래서 사람들은 서로 다른 직업을 가진 사람들끼리 모여서 살고 있습니다.

　그런데 모든 사람들이 서로 싸우고, 속이고, 도둑질하고, 미워하여 사람을 해친다면 어떻게 될까요? 사람들은 뿔뿔이 흩어지고 말 것입니다. 왜냐 하면 도저히 그런 곳에서는 살 수가 없기 때문이지요. 그렇게 되면 다시 로빈슨 크루소처럼 혼자서 외로움에 젖어 살게 되겠지요.

　그리고 혼자서 의복과 식량과 집을 자급 자족하며 살아가야 할 것입니다.

● 사람들이 서로 싸우고, 속이고, 도둑질하고, 미워하여 사람을 해치지 않도록 하려면 사회에는 무엇이 필요할까요?

🔴 서로가 모여 사는 공동체 생활에는 모두가 같이 지켜야 할 것이 있어야 합니다. 그래야만 공동체가 평화롭게 살 수 있습니다. 그렇다면 우리 교실에선 어떤 것들을 지켜야 할까요?

- 우리 반 십계명을 만들어 봅시다.

    1.
    2.
    3.
    4.
    5.
    6.
    7.
    8.
    9.
    10.

- 친구들이 만든 십계명을 들어 봅시다. 그리고 그 중에서 가장 중요한 10가지를 뽑아 우리 반 십계명으로 삼고 잘 실천해 봅시다.

    우리들이 만든 십계명은 우리 반이 화목하게 살아가는 데 많은 도움이 될 것입니다. 그러나 만일 이것을 지키지 않는다면 친구들의 충고와 선생님의 꾸지람을 듣게 되겠지요.

    그런데 사회에는 지켜야 할 것을 지키지 않았을 때 이보다 더 엄격하게 사람을 구속하는 것이 있습니다. 우리는 그것을 법이라고 합니다. 구속이라 함은 힘든 벌을 주어 자유롭지 못하게 하는 것입니다. 그래서 감옥에 가두거나 가벼운 죄의 경우엔 벌금을 물리는 것입니다. 그래서 법은 더 강력한 사회 규칙입니다.

🔵 그렇다면 사회에는 왜 이렇게 강력한 법이 필요할까요?

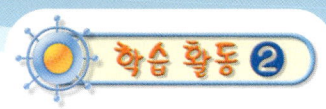

 다음 이야기를 읽고, 1등 국민이 되는 길에 대해서 생각해 봅시다.

영국인의 질서 의식

　제2차 세계 대전 때의 이야기입니다.
　영국을 공습하기 위해서 독일 공군이 도버 해협을 건너갔습니다. 목표물을 찾기 위해 땅을 내려다본 순간, 독일군 조종사는 그만 놀라고 말았습니다.
　영국 국민들은 적군의 공습 경보 속에서도 질서 정연하게 방공호 속으로 대피하는 것이었습니다. 그것을 본 독일군은 비록 적국이지만 질서 의식이 높은 시민에게 차마 폭탄을 떨어뜨릴 수가 없었습니다. 힘센 군대의 힘만 가지고는 수준 높은 국민 의식을 가진 영국군을 이길 수가 없었던 것입니다.
　영국 국민들은 어떻게 그러한 질서 의식을 가질 수 있었을까요?
　영국 국민들의 질서 의식을 알 수 있는 다음과 같은 이야기가 있습니다.
　영국의 어느 공원에서 한 소년이 울고 서 있었습니다. 마침 그 소년 곁을 지나가던 신사 한 분이 소년에게 우는 까닭을 물었습니다. 소년은 잔디밭에 떨어져 있는 모자를 가리키며 자기 모자가 바람에 날려 잔디밭 안으로 들어갔다고 했습니다. 그러자 신사는 가지고 있던 지팡이로 모자를 꺼내어 어린이에게 주었다는 이야기입니다.
　이처럼 영국 국민들은 어렸을 때부터 철저히 법과 질서를 지키도록 교육을 받으며, 또 그것이 습관화되어 있습니다. 영국이 세계의 1등 국민이 된 이유가 여기에 있습니다.
　우리에게는 '세살적 버릇 여든까지 간다.'라는 속담이 있습니다. 여러분이 지금 법과 질서를 잘 지키면 어른이 되어서도 잘 지키게 됩니다.
　그리하여 우리도 1등 국민을 꿈꾸어 봅시다.

🔴 준법이란 법에 정해진 대로 법을 지킨다는 의미를 가지고 있습니다. 우리가 법을 지키기 위해선 왜 법을 지켜야 하는지 그 까닭을 알아야 자발적으로 법을 지키게 됩니다. 왜 우리는 법을 지켜야 할까요? 법을 지켜야 하는 이유를 적어 봅시다. 힌트가 되는 단어를 앞에 적어 놓았습니다.

- 첫째로, (안전과 평화)

- 둘째로, (약속)

- 셋째로, (법치주의 – 법으로 나라를 다스림)

- 넷째로, (감옥)

법(法)의 어원에 대하여

　법은 한자로 물 수(水=氵)변에 갈 거(去)자를 합친 글자입니다. 인간 사회를 물 흐르듯 순리대로 잘 돌아가게 하는 것이 법의 역할이라고 본 것이지요.
　그리고 법의 옛날 글자를 살펴보면 물 수, 해태 치, 갈 거로 이루어져 있어, 글자 자체에 해태가 들어 있습니다. 해태는 사자와 비슷하게 생겼으면서도 머리 가운데에 뿔이 나 있는 상상의 동물인데, 사물의 옳고 그름을 판별하여 나쁜 사람이나 부정한 사람에게 대들어 물어뜯는 영험한 동물이라 하여 법수(法獸)라고 불렸지요. 그래서 중국에서는 해태를 왕궁 문 앞에 세워 두고 있으며, 우리 나라에서도 광화문, 국회 의사당, 대검찰청 등에 해태 동상이 서 있습니다.
　또, 법(法)이라는 글자는 '외뿔 사슴 녹'에서 변화된 것이라고 주장하는 사람도 있습니다. 이 외뿔 사슴은 맑은 물만 마시는 동물로 알려져 있고, 이 사슴이 더러운 물을 마시면 죽는다고 해서 '법이란 맑아야 한다.'라는 뜻이 깃들어 있다고 합니다.

● 우리가 생활하면서 지켜야 할 법을 찾아봅시다.

1.

2.

3.

4.

5.

6.

7.

※ 법무부 홈 페이지에 들어가서 만화로 보는 기초 질서를 참고해 보세요.
　http://www.moj.go.kr/kids/basicOrder.php

　　최근 학교 주변 폭력이 심각한 사회 문제로 대두되기 시작했습니다.
　　이러한 학교 주변 폭력에 대해서는 첫째, 관할 경찰서나 파출소 등에 적극적으로 신고할 필요가 있습니다. 신고해 두지 않으면 경찰의 조사도 없을 것이고, 그렇게 되면 계속적으로 폭력에 시달리게 될 것이기 때문입니다. 둘째, 부모님과 선생님께 도움을 청하여야 합니다. 또, 부모님은 피해 어린이가 혼자서 고민하지 않도록 신경 써서 주의 깊게 관찰하여야 합니다. 셋째, 현재 대검찰청이 주관하여 '자녀 안심하고 학교보내기 운동'이 활발히 전개되고 있습니다. 여기에는 검찰과 경찰뿐만 아니라 각종 지방 자치 단체와 교육계, 기타 사회 단체와 시민도 적극적으로 참여하고 있으므로 이러한 운동을 효과적으로 활용하는 것도 좋은 방안이 될 것입니다.

● 학교 안에서 일어나고 있는 폭력을 어떻게 하면 예방할 수 있을까요?

6 봉사하는 생활

활동 목표	▶ 사회와 이웃을 위해 일하는 사람들의 이야기를 읽고, 그들의 아름다운 마음씨를 알 수 있습니다. ▶ 사회와 이웃을 위해 내가 할 수 있는 작은 일을 실천해 봅니다.	영역	사회 생활 (공익)
유의 사항	▶ 사회와 이웃을 위해 직접 봉사를 실천함으로써 아름다운 마음씨를 느낄 수 있어야 합니다.	차시	11 - 12

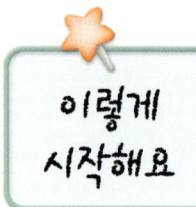

- '따뜻한 이야기'를 읽고, 진정한 공익의 뜻을 생각해 봅시다.

- 아름다운 가게를 교실에서 직접 열어 그 수익금을 불우한 이웃에게 전달해 봅시다.
- 학급 게시판에 활동 사진을 올리고, 느낌을 적어 봅시다.

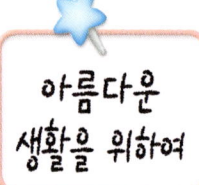

- 각자가 가지고 있는 재능을 가지고 힘들게 살고 있는 이웃들을 찾아가 발표함으로써 그들에게 힘을 북돋아 줍니다.

 학습 활동 1

 다음 이야기를 읽고, 진정한 공익의 뜻을 생각해 봅시다.

따뜻한 이야기

우리에게는 따뜻한 마음씨가 있습니다.
어려운 이웃을 위해 나의 작은 재산을 나눌 수 있는
아름다운 마음씨가 있습니다.

우리는 그것을 썩지 않을 소금이라고 하고
어둠을 비추는 등불이라고 합니다.
삶의 힘든 길을 걷고 있는 나그네에게 건네는
조롱박 속의 샘물이라고 합니다.

하늘에서 떨어진 빗방울은 작습니다.
내가 할 수 있는 일도 작습니다.
그러나 우리가 할 수 있는 일은
큰 강물처럼 넘치며 흐를 겁니다.

● '따뜻한 이야기'를 읽고, 다음을 생각해 봅시다.

① 어려운 이웃을 위해 내가 나눌 수 있는 것

② 어려운 이웃을 위해 내가 할 수 있는 일

● 친구나 이웃을 위해 내가 한 '따뜻한 이야기'를 친구와 함께 이야기해 봅시다.

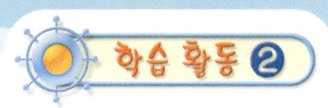

5개월 수익금 독거 노인 등에 지원

▶ 새로 문을 연 '아름다운 가게'에 모여든 사람들

서울의 어느 작은 임대 아파트에 사는 예슬이네 집에 모처럼 환한 웃음꽃이 피었습니다. 혈관이 점점 좁아지는 윌리엄 증후군과 위에서 음식물이 역류하는 희귀 질환을 앓는 예슬이(8, 정신지체 1급)와 심장 질환을 앓고 있는 예슬이의 오빠(15) 남매를 간호하느라 엄마도 일을 나가지 못해 국가 보조금 70여만 원으로 살아가던 가족에게 '아름다운 가게'에서 치료비와 생활비로 1백만 원을 지원했기 때문입니다.

튜브를 배에 꽂아 음식물을 공급받는 예슬이는 한 달 치료비만 80여만 원이 듭니다. 예슬이 어머니(53)는 "신용 카드를 돌려 막거나 빚을 얻어 생활을 꾸려 왔는데, 오랜만에 손에 쥔 현금으로 우선 빚부터 갚아야겠다."며 "주위에서 지켜 보고 도와 주는 사람들이 있다는 게 더욱 기쁘다."고 말했습니다.

'아름다운 가게'(공동 대표 박성준, 손숙)는 올 들어 매장에서 재활용품을 팔아 모은 수익금을 소년 소녀 가장, 편부모 가정, 장애인, 독거 노인, 외국인 근로자 등 어려운 이웃에게 전달했습니다.

지난 15일에 열린 수익금 전달식인 '희망 나누기' 행사에서 '아름다운 가게'의 올해 매출액 4억 5천여만 원의 10%인 4천 5백만 원이 치료비, 학비, 생활비 등으로 건네졌습니다.

'아름다운 가게' 본부는 전국에서 인터넷과 우편으로 접수된 34건의 사연을 접수받아 어려운 이웃들을 돌보고 있습니다. 또, 우즈베키스탄에서 건너와 양말 공장, 사출 공장 등에서 일하다 지난 3월 심장병에 걸린 아이카(31, 여)에게 수술비 중 일부인 1백 20여만 원을 지원했습니다.

- 박현영 기자 hypark@joongang.co.kr -

● 아름다운 가게를 열어 수익금을 전달해 봅시다.

아름다운 가게

언제	
어디서	
어떻게	
수익금	
전달할 곳	

　세상에는 넉넉한 생활을 누리지 못하는 불행한 이웃들이 많이 있습니다. 나라에서도 이러한 이웃들을 돕기 위해 생활비를 지급하고 있습니다.
　하지만, 우리 나라는 아직 그들이 생계에 관해 걱정을 하지 않도록 돈을 충분히 줄 수 있는 형편이 못 됩니다. 우리가 아름다운 가게를 열어 모은 수익금이 많지는 않더라도 우리의 마음을 전달하는 소중한 돈이 될 것입니다. 또한 이런 경험을 통해 우리는 더욱 성숙해질 것입니다.

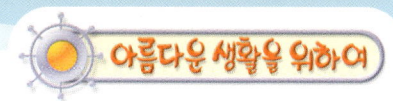

🔴 이웃을 위해 우리가 할 수 있는 것은 결코 거창한 것이 아닙니다. 내가 가지고 있는 재능을 이웃을 위해 사용할 수 있습니다. 자! 그러면 우리 반 각자가 가지고 있는 재능들을 모아 봅시다. 그리고 이것들을 들고 그 동안 관심받지 못하고 외롭게 살아 왔던 이웃들에게 미소를 띠고 찾아갑시다.

재능 발표회 계획서

　　　　　　　　　　　학교　　학년　　반　　　　어린이

일 시		장 소	
발표 내용			
도우미 역할 분담 내용			
주의 사항			

7 존중하는 삶

활동 목표	▶ 서로를 존중하는 것이란 아주 사소한 것을 존중해 주는 것이라는 것을 깨닫습니다. ▶ 상대방의 입장을 생각하고 말과 행동을 신중하게 하는 태도를 기릅니다.	영역	사회 생활 (인권 존중)
유의 사항	▶ 존중받지 못한 경험을 통해 존중의 소중함을 깨닫게 합니다.	차시	13 - 14

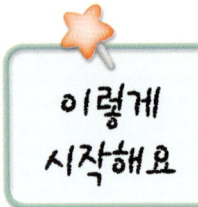

- 그림을 보고, 존중에 대해 생각해 봅시다.
- 저학년 동생들에게 잘 대해 주었던 일을 생각해 봅시다.

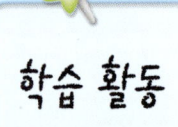

- '선희의 생일'을 읽고, 선희에게 하고 싶은 말을 발표해 봅시다.
- 존중이 얼마나 큰 힘을 발휘하는가를 이야기를 통해 알아봅시다.
- 존중받지 못했던 경험을 이야기해 봅시다.
- 존중받지 못해 아픈 상처를 가진 어린이에게 다른 어린아이가 수호 천사가 되어 위로해 줍시다.

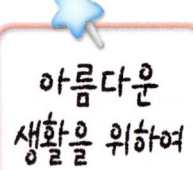

- 누구나 사랑받기 위해 태어난 사람임을 노래를 통해 느껴 봅시다.

 그림을 보고, 존중에 대해 생각해 봅시다.

● 내가 저학년 동생들에게 잘 대해 주었던 일을 생각해 봅시다.

선희의 생일

오늘은 선희의 생일입니다.

선희는 친한 친구 몇 명을 어머니께 허락을 받아 집으로 초대하였습니다.

선희는 어머니가 차려 주신 음식을 친구들과 나누어 먹으면서 재미있게 이야기를 나누었습니다.

분위기가 무르익자, 선희는 며칠 전 아버지께서 컴퓨터에 노래방 장치를 설치한 것을 자랑하고 싶어졌습니다. 선희는 친구들과 함께 아버지의 서재로 가서 컴퓨터 노래방을 켜고 친구들과 노래를 부르기 시작하였습니다.

선희는 평소 좋아하는 노래를 열창하여 친구들의 박수를 받고는 더욱 흥이 나서 여러 곡의 노래를 친구들과 돌아가며 불렀습니다. 얼마쯤 지났을까? 문득 밖에서 벨 누르는 소리가 들리더니 어머니의 목소리가 들렸습니다.

"정말 죄송합니다. 조용히 하도록 하겠습니다."

잠시 뒤에 어머니께서 조용히 선희를 부르셨습니다.

"선희야, 이제 그만 해야겠다. 앞 동에 사시는 분이 노랫소리가 너무 커서 시끄럽다고 찾아오셨구나."

선희는 친구들과 오랜만에 노는데 그런 정도도 참아 주지 못하는 어른들이 야속하여 어머니께 퉁명스런 목소리로 말했습니다.

"제 생일 기분 다 망치겠어요. 그 분이 또 찾아오면 엄마가 잘 말씀해 주세요."

화가 난 듯 문을 쾅 닫고 들어간 선희는 친구들에게

"아무것도 아니야. 즐겁게 놀자."

하며 계속 노래를 불렀습니다.

그러자 어머니께서 다시 선희를 부르셨습니다.

"제발 그만 좀 해라. 생일도 좋지만 이러다간 이웃 간에 의 상하겠다."

선희는 토라져서

"엄마는 누가 더 중요해요? 딸보다 이웃이 더 중요하다는 말이죠?"

하며 울음을 터뜨렸습니다. 어머니는 속이 상하신 듯

"선희야, 왜 그렇게 철이 없니? 다시 말하지만 이제 그만 하거라. 그리고 잘 생각해 보거라."

하시며 안방으로 들어가셨습니다.

● '선희의 생일'을 읽고, 선희에게 하고 싶은 이야기를 발표해 봅시다.

● 살아가면서 존중받지 못해서 상처를 받았던 경험들이 있을 것입니다. 상대방이 나의 자존심을 건드려 우울해졌던 경험들을 적어 봅시다.

● 친구들의 마음 아팠던 경험을 들어 보았습니까? 혹시 내가 그런 아픔을 준 사람일 수도 있습니다. 상대방을 존중하지 못했던 경험을 잘 생각하여 친구에게 보내는 사과의 말을 적어 봅시다. 만일 없다면 아픔을 가지고 있는 친구를 위로해 줍시다.

인생을 바꾼 존대말

　옛날에 한 거지 소년이 잠은 공원의 빈터에 버려진 커다란 하수도관 속에서 자고 밥은 얻어 먹으면서 거리를 배회했습니다. 고아였으므로 어디 갈 데도 없었고 학교라고는 근처에도 못 가 봤습니다.
　그러다가 어느 친절한 아저씨의 도움으로 구두닦기를 시작했습니다.
　어느 날, 소년이 백화점 문 옆에서 구두를 닦고 있는데 하얀 털코트를 입은 귀부인이 차에서 내려 백화점 쪽으로 걸어오고 있었습니다.
　이 소년은 문에 있는 먼지 때문에 그 귀부인의 옷이 더럽혀질 것 같아서 얼른 일어나 백화점 문을 열어 주었습니다.
　그 귀부인은 미소를 지으며
　"고맙습니다, 도련님!"
하고 목례를 보내고는 백화점 안으로 총총히 들어갔습니다.
　정중한 인사를 받은 소년은 순간
　'저 부인이 내게 지금 뭐라고 인사했지? 도련님이라고? 아아! 도련님이라고?'
　그 소년은 가슴이 설레었습니다.
　이제껏 사람 취급을 받지 못하였던 자기가 아주 훌륭해 보이는 귀부인으로부터 인사를 받고 자기를 존중해 준 시선을 느꼈을 때 소년은 자기의 남루한 옷차림이 부끄러웠습니다.
　그래서 그 동안 구두를 닦으면서 모아 놓았던 돈과 구두닦기 통을 팔아서 마련한 돈으로 목욕을 하고 시장에 가서 새 옷을 사 입었습니다.
　그리고 약국에 급사로 취직을 했습니다. 소년은 자라서 세계적인 제약 회사의 사장이 되었는데, 누구에게나 항상 존대말을 썼다고 합니다.

● '존중'이 얼마나 큰 힘이 있는지 위의 이야기를 읽고, 느낀 점을 이야기해 봅시다.

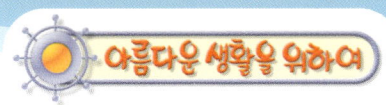

노래를 들어 봅시다. 그리고 노래를 따라 불러 봅시다. 사람은 누구나 사랑받고 존중받기 위해 태어난 것입니다. 우리 모두 서로를 존중하며 살아갑시다.

노래 부르기 (당신은 사랑받기 위해 태어난 사람)

당신 은 사랑 받기 위- 해 태어난사 람 - 당신 의삶속에 서 - 그사랑
1. 2.
받고있지요 - 받고있- 지 요
Fine
아 름다운 - 사랑 -
우 리 들 - 의 사 랑 은 - 서로 의 존중 을 통해 열 매 를 맺고 -
당 신 이이 세 상 에 존 재 함 으 로 인 해 우 리 에 게 얼 마 나 큰 기
쁨이되는지 -
당 신 은 사랑받 - 기 위해 태어난 사람 -
1. 2.
지 금도 그사랑 - 받고있지요 - 받고있지 요 -
D.C.

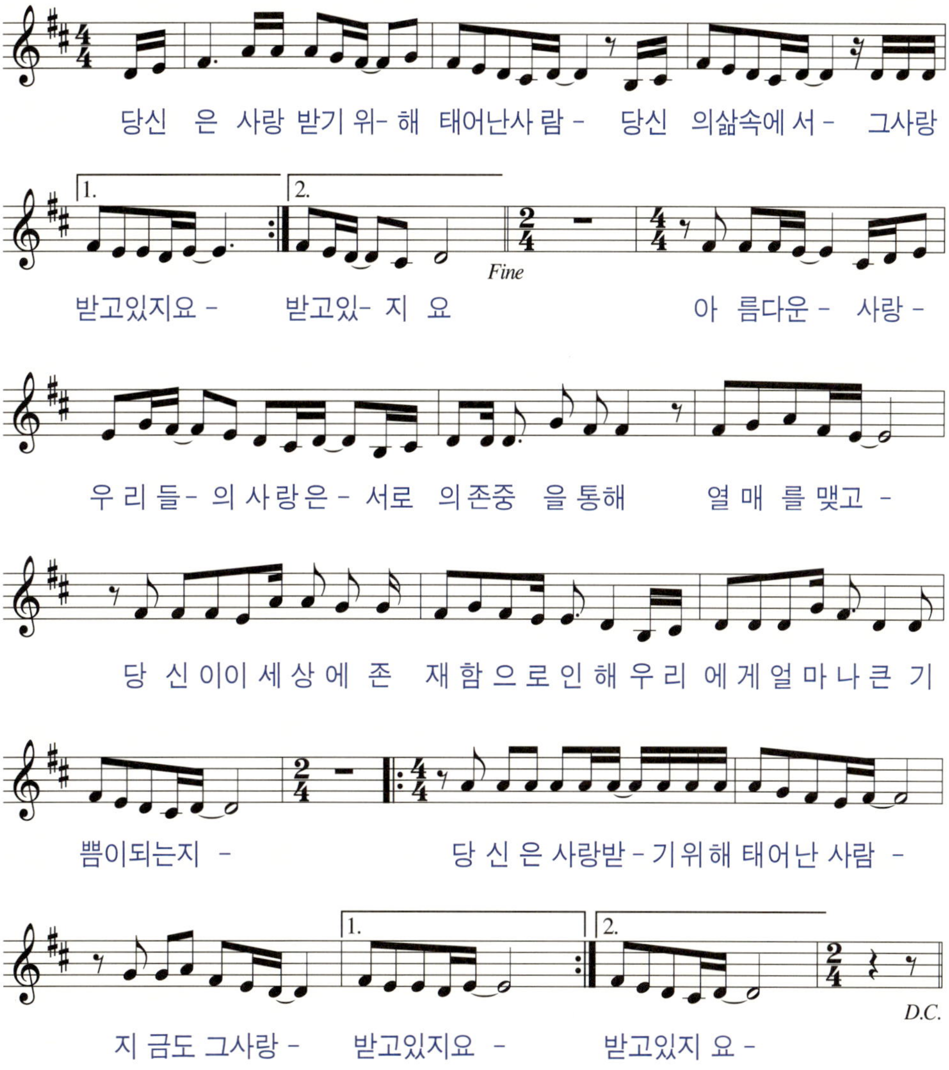

위 노래를 반 친구들과 다 함께 불러 보며, 존중하는 삶에 대해 다시 생각해 봅시다.

8 정의로운 사람들

활동 목표	▶ 정의는 양심을 편안하게 하는 길임을 깨닫습니다. ▶ 정의를 위해 살아가려는 마음 자세를 갖습니다.	영역	사회 생활 (정의)
유의 사항	▶ 정의는 반드시 이루어지는 것임을 알아야 합니다. 그리고 노력을 해야 합니다. 하지만, 그런 용기와 함께 지혜가 필요함을 깨닫게 합니다.	차시	15 - 16

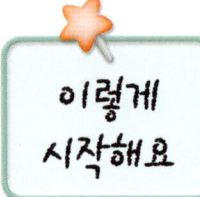

- **이야기를 읽고, 생각해 봅니다.**
  - 퇴계 이황 선생의 이야기를 읽고, 배울 점을 알아봅시다.
  - '영수의 선택'을 읽고, 생활 주변에서 경험한 정의롭지 못한 일에 대해 이야기해 봅시다.

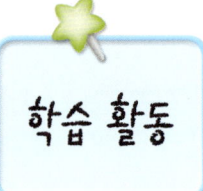

- 정의롭지 못한 사건을 신문에서 찾아 발표하고 서로 생각과 느낌을 나누어 봅시다.
- 정의를 이루기 위해 필요한 방법이 무엇인지 토의해 봅시다.

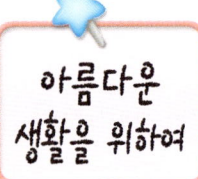

- 정의는 반드시 이루어진다는 것을 깨달아 봅시다.
- 정의를 위해 애쓴 분들의 이야기를 소개해 봅시다.

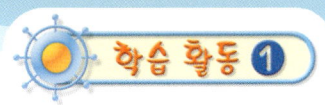

 다음 글을 읽고, 이퇴계 선생의 언행에서 배울 점을 알아봅시다.

퇴계 이황

　방 안에 불이 환하였습니다. 여섯 살 된 소년이 글을 읽고 있었습니다.
　'오늘 배운 것은 오늘 다 외우자.'
　소년은 이렇게 생각하고 부지런히 글을 읽었습니다. 하늘에는 별이 반짝이고, 소년의 방에서는 글 읽는 소리가 끊이지 않았습니다.
　어느덧 청년이 된 소년은 옛날과 다름없이 부지런히 공부하였습니다.
　어느 날, 청년은 멀리 여행을 떠나게 되었습니다. 그런데 식사 때가 되어 하인이 지어 온 밥을 보니 푸른 콩이 드문드문 섞인 쌀밥이 맛있게 보였습니다.
　"어서 드십시오."
　"음, 쌀은 우리가 가져 온 것이지만 콩은 어디서 났느냐?"
　"저 콩밭에서 따왔습니다."
　"그럼, 남의 콩을 훔쳐 온 것이 아니냐?"
　청년은 그 밥을 한 술도 뜨지 않았습니다. 하인은 고개를 들지 못하였습니다.

　이처럼 부지런히 공부하고 남의 것을 소중하게 여긴 이 청년은 나중에 훌륭한 학자가 되었습니다. 그리고 높은 벼슬에도 올랐습니다. 이분이 바로 퇴계 이황 선생입니다.
　선생은 벼슬자리에 있는 동안 훌륭한 일을 많이 하였습니다.

영수의 선택

　영수는 축구를 하고 아이스 크림을 사 먹기 위해 친구들과 학교 앞 가게에 갔습니다. 영수는 돈이 없었습니다. 사정을 말하니 철희가 걱정 말라고 말했습니다.
　"영수야, 걱정 마. 나한테 돈이 있어."
　철희는 주머니에서 1000원을 꺼내 흔들었습니다.
　친구들이 우르르 몰려들어간 가게 안은 아이들로 북적거렸습니다. 영수는 가게 안의 과자들을 둘러보았습니다. 그런데 영수에게 묘한 유혹이 일어났습니다. 초콜릿 한 개를 들어 슬쩍 호주머니에 넣었습니다. 호주머니를 내려다 보았지만 초콜릿이 들어 있는 것 같지 않았습니다. 아주머니는 아이들과 계산을 하느라 바쁘셨습니다. 영수는 어느 정도 안심을 하고 나왔습니다.
　그런데 이런 일이 이번 한 번만이 아니었습니다. 10번은 넘은 것 같습니다. 물건을 슬쩍 할 때 겁이 나 심장이 뛰는 것 같았습니다. 그리고 숨쉬기가 힘들었습니다. 그러나 지금까지 걸리지 않고 무사했습니다. 그리고 훔친 것은 매우 달콤하였습니다. 그것은 가슴이 두근두근거리고 숨쉬기가 힘든 두려움의 대가였습니다. 그런데 며칠이 지나고 가게 창엔 이런 글씨가 쓰인 종이가 붙었습니다.
　'도둑 고양이가 지난 한 달 동안 우리 가게를 찾아와 허락도 없이 물건을 가져가고 있다. 나는 그 도둑 고양이를 내 손으로 잡을 때엔 가만 안 놔 둘 것이다. 그러나 제 발로 찾아와 용서를 빌면 도둑이라는 딱지를 떼어 줄 것이다.'
　영수는 가슴이 뜨끔하였습니다. 그리고 얼굴에서 열이 나고 숨도 제대로 안 쉬어지는 것 같았습니다.

● 영수는 어떻게 해야 할까요? 그 이유를 말해 보세요.

● 생활 주변에서 정의롭지 못한 일을 본 적이 있습니까? 그것들에 대해 이야기해 봅시다.

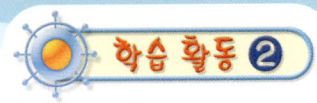

● 정의롭지 못한 사건들을 신문에서 찾아 붙여 봅시다.

● 찾은 내용 중 한 가지를 선택하여 생각과 느낌을 서로 말해 봅시다.

● 판사가 되어 이와 같이 정의롭지 못한 일을 저지른 이들에게 내릴 판결문을 적어 봅시다.

● 정의를 이루기 위해서는 왜 용기와 지혜가 필요한지 생각해 봅시다.

- 정의(正義)란 무엇일까요? 쉽게 말해서 '올바르다'입니다. 그러면 그 반대는 무엇일까요? '올바르지 못하다'입니다. 한자어로는 불의(不義)입니다. 모든 사회 현상은 인간의 행동으로 벌어지는 것입니다. 그러므로 '정의'란 '행동이 올바르다'입니다. 정의하면 떠오르는 것들을 적어 봅시다.

- 그런데 정의를 따르는 데는 어려움이 있습니다. 내가 행동을 올바르게 함으로써 나의 생활을 정의롭게 하는 데는 별 문제가 없을 것 같습니다. 그런데 인간은 사회 속에서 살아가기 때문에 사회에서 벌어지는 일에 무관심할 수 없습니다. 예를 들어 뉴스를 보면서 부모님이 이런 말씀을 하시는 소리를 들은 적이 있을 것입니다.
"세상에! 어쩌자고 저런 짓을 했을까. 저런 나쁜……."
부모님이 그렇게 한탄하시는 소리를 들은 경험을 적어 봅시다.

- 그런데 만일 그런 나쁜 짓을 저지른 사람들이 나보다 힘이 더 세다면 직접 그 사람들 앞에서 그들의 잘못된 행동을 지적할 수 있을까요? 만일, "네"라고 대답할 수 있다면 '용기 있는 사람'입니다. 그러나 대부분의 힘이 약한 사람들은 그런 지적을 쉽게 할 수 없습니다.
그렇다면 이런 경우엔 어떻게 해야 할까요? 친구들과 의논해 봅시다.

- 만일 어떤 사람이 불의를 저지른 자에게 저항을 할 수 없다면 그 사람은 몹시 슬퍼할 것입니다. '이 사회에 정의는 죽었는가.' 이렇게 생각할 것입니다. 그러나 어느 사회든 정의가 살아 있기 때문에 그 사회가 유지되는 것입니다. 그러므로 정의를 세우고자 노력하는 자에겐 첫째로, '용기'가 필요하고, 둘째로, 올바르게 고쳐 나갈 수 있는 방법을 아는 '지혜'가 필요합니다.

정의는 반드시 이루는 날이 있다

　이 말은 일제 시대에 독립 운동가로 활동하신 애국자 도산 안창호 선생님의 말입니다. 어느 사회나 정의를 바로 세우고자 노력하는 사람들이 있습니다. 그런데 불의를 저지르고 감옥에 갈 것을 두려워하는 사람들은 정의를 위해 노력하는 사람들을 모함하거나 못살게 굴어 그 뜻을 꺾어 버리려고 합니다. 뿐만 아니라, 자신의 잘못을 감추기 위해 교활한 거짓말을 하거나 힘을 사용해 억눌러 버리려고 합니다. 그래서 잠깐 동안은 불의가 정의를 이긴 것처럼 보일지 모릅니다. 그러나 거짓과 불의한 짓은 영원히 감추어지지 않습니다.

　여러분은 '당나귀 귀를 가진 임금님' 이야기를 알고 있을 것입니다. 이발사는 모자를 벗은 임금님 얼굴이 너무 우스꽝스러워 웃음이 나오려고 했지만 감히 웃을 수는 없었습니다. 이발사는 웃음을 참기 위해 별의별 수를 다 쓰다가 그만 병이 나고 말았습니다. 그래서 휴가를 얻어 궁궐 밖으로 나와서는 어느 절 옆의 대나무 숲에 들어가 맘껏 외치고 깔깔거리며 웃었습니다. 그런데 그 후로 바람이 불 때마다 대나무 숲은 '임금님 귀는 당나귀 귀' 하며 웃음소리를 냈습니다. 그래서 임금님은 명을 내려 대나무를 모두 베어 내게 했지만, 나중엔 바람이 '임금님 귀는 당나귀 귀' 하며 웃음소리를 따라 하더라는 것입니다. 하다 못해 임금님의 약점까지도 떠들기 좋아하는 세상인데, 어찌 거짓과 불의를 감출 수 있겠습니까? 옛 속담에 '손으로 하늘을 가린다.'는 말이 있습니다. 손으로 하늘을 가려 자기는 안 보이지만 다른 사람들은 그런 행동을 비웃는다는 것입니다.

　불의는 반드시 밝혀지게 되어 있습니다. 그리고 세상 사람들이 모두 손가락질하게 될 것입니다. 그래서 정의는 반드시 이루는 날이 오는 것입니다. 그것은 불의를 밝히고 정의를 위해 노력하는 사람들에 의해서 이루어집니다.

● 정의를 위해 노력한 사람들 이야기를 찾아 읽어 봅시다. 그리고 그 사람을 친구들에게 소개해 봅시다.

9 민주적인 생활

활동 목표	▶ 서로 다른 주장을 민주적으로 해결하는 방법을 알 수 있습니다. ▶ 일상 생활에서 서로 다른 주장을 민주적으로 해결하려는 마음가짐을 갖습니다.	영역	사회 생활 (바른 마음)
유의 사항	▶ 일상 생활에서 서로 다른 주장을 민주적으로 해결하고 있는지 반성해 봅니다.	차시	17 - 18

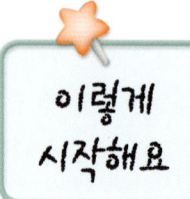

- 우리 반 학급 회의는 공정하게 잘 이루어졌는지 평가해 봅시다.
- '학급 회의'를 읽고, 학급 대항 체육 대회 종목을 어떻게 결정하는 것이 좋을지 생각해 봅시다.

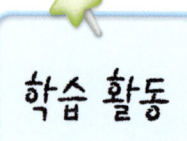

- '쓰레기 매립장'을 읽고, 진정한 양보의 뜻을 생각해 봅시다.
- 대화나 토론할 때의 올바른 자세에 대해 알아봅시다.

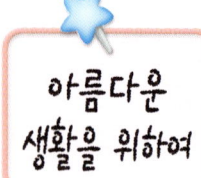

- 문제를 민주적으로 해결할 때의 올바른 자세에 대해 반성해 봅시다.

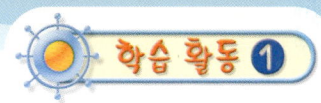

 우리 반 학급 회의는 공정하게 잘 이루어졌는지 평가해 봅시다.

● 토의한 안건은 무엇이었나요?

● 결정된 사항은 무엇인가요?

● 토의 과정은 어떠했나요?

발표자	의 견	이 유

● 학급 친구들은 결정된 사항을 지키려고 노력하고 있나요?

● 다음 이야기를 읽고, 학급 대항 체육 대회 종목을 어떻게 결정하는 것이 좋을지 나의 의견을 써 봅시다. 그리고 그 까닭을 들어 제시해 봅시다.

학급 회의

영진이네 반에서는 2반 어린이들과 학급 대항 체육 대회를 열기로 하였습니다. 선생님께서는 경기 종목을 의논하여 결정하라고 하셨습니다. 남학생들은 축구가 좋다는 의견이었고, 여학생들은 피구를 하자고 하였습니다.

남학생들은 넓은 운동장에서 여러 사람이 뛸 수 있고, 자기 반 친구들이 축구를 잘 하니까 2반을 이길 수 있다고 했습니다. 이에 대하여 여학생들은 피구를 하면 더 많이 참가할 수 있고, 또 피구를 잘 하는 친구가 더 많다고 했습니다.

남학생과 여학생의 의견이 이렇게 팽팽히 맞서자, 남학생들은 다수결로 정하자고 하였습니다. 여학생들은 남학생 수가 여학생보다 네 명이나 더 많아서 다수결로 정하면 뻔한 결과가 나올 것이라고 반대하였습니다.

그러자 회장은 다른 좋은 의견이 있으면 발표해 달라고 하였습니다.

• 나의 의견 :

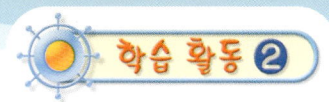

 다음 이야기를 읽고, 진정한 양보의 뜻을 생각해 봅시다.

● '쓰레기 매립장' 이야기를 읽고, 내가 수지네 마을 사람이라면 이 문제를 어떻게 해결할 것인지 서로 의견을 나누어 봅시다.

쓰레기 매립장

어느 날 수지네 집 앞에 동네 어른들이 모여서 심각한 표정으로 말씀을 나누고 계셨습니다. 마을의 이장이신 아버지도 언짢으신지 안색이 좋지 않으셨습니다.
"어머니, 무슨 걱정스러운 일이 생겼어요? 아버지의 표정이 언짢아 보이시는데요."
"우리 마을에 쓰레기 매립장이 들어선다는구나."
"쓰레기 매립장이 들어서면 우리 마을에 무슨 나쁜 일이라도 생기나요?"
"글쎄……. 마을 어른들이 의논해서 결정하시겠지만, 걱정이 앞서는구나."
수지는 자기 마을에 쓰레기 매립장이 생기는 것이 왜 걱정스러운 일인지 궁금했습니다. 그 날 저녁, 마을 회관에 동네 어른들이 모두 모여 회의를 하셨습니다.

- 쓰레기 매립장이 들어서면 좋은 점은 무엇일까요?

- 쓰레기 매립장이 들어서면 나쁜 점은 무엇일까요?

- 나는 쓰레기 매립장이 들어서는 일에 대해 어느 쪽인가요?

　　찬성 ☐　　　　　반대 ☐

- 왜 그렇게 생각하나요?

● 친구들 간에 어떤 문제로 의견이 엇갈렸던 경험을 생각해 보고, 또 그것을 어떻게 해결하였는지 써 봅시다. 그리고 그 때, 자신의 태도에서 고쳐야 할 점이 있었는지 반성해 봅시다.

친구들 간에 의견이 엇갈렸던 문제	
해결 방법	
나의 고쳐야 할 점	

● 대화나 토론은 다른 사람과의 의견 차이를 조정할 수 있는 민주적인 방법들입니다. 대화나 토론을 할 때의 올바른 자세에 대해서 알아봅시다.

- 대화나 토론할 때의 올바른 자세

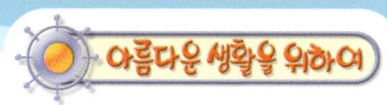

● 문제 해결 방법에 대한 나의 행동을 반성해 보고, 해당되는 곳에 ○표를 해 봅시다.

내 용	잘 실천함	약간 실천함	보 통	거의 실천 하지 않음	전혀 실천 하지 않음
내 의견을 분명히 말합니다.					
다른 사람의 의견을 귀담아듣습니다.					
이야기할 때에는 발언권을 얻은 후에 합니다.					
내 의견과 다르다고 해서 상대방을 나쁘게 생각하지 않습니다.					
다른 사람의 이야기를 가로막거나 가로채지 않습니다.					
자기의 생각과 비교하여 다른 사람의 의견이 옳다고 생각하면 그 의견에 찬성합니다.					
다수결로 결정된 의견은 적극적으로 따릅니다.					
소수의 의견을 존중합니다.					
내 의견에 책임을 집니다.					

10 나와 우리 민족

활동 목표	▶ 민족의 중요성을 알고 민족을 지키기 위해 노력한 분들과 민족을 위해 내가 할 수 있는 일을 알 수 있습니다.	영역	국가·민족 생활 (민족의 중요성)
유의 사항	▶ 민족을 사랑하는 것이 다른 나라 사람에게 해롭게 하는 것이 아님을 알게 합니다.	차시	19 - 20

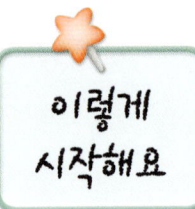

- 2002 월드 컵 4강 진출의 참뜻에 대하여 생각해 봅시다.
  - 우리 나라가 2002 월드 컵 4강에 진출했을 때 우리 국민이 왜 열광했는지 그 이유를 생각해 봅시다.
- 왕위안이라는 중국 소녀의 이야기를 읽고, 조국의 중요함을 알아봅시다.

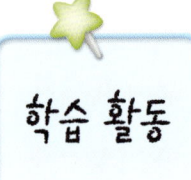

- '재일 동포의 김치'를 읽어 보고, 민족은 사람들의 생활에 어떠한 영향을 주는지 알아봅시다.
- '굳게 뭉친 이스라엘 인들'이라는 이야기를 읽고, 우리 민족이 처한 현실과 비교하여 봅시다.

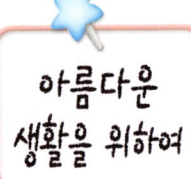

- 우리 민족의 고유한 생활 양식에는 어떤 것이 있는지 찾아보고, 이를 보존하려면 어떻게 해야 하는지 알아봅시다.

 2002 월드 컵 4강 진출의 참뜻에 대하여 생각해 봅시다.

● 우리 나라가 2002 월드 컵 4강에 진출했을 때의 감격을 그림으로 그려 봅시다.

● 우리 나라 사람들이 왜 그렇게 열광했는지 생각해 봅시다.

● 다음 이야기를 읽고, 조국의 중요함에 대하여 생각해 봅시다.

나의 영광보다는
민족을 사랑한 왕위안

올해 18세의 왕위안이라는 중국계 미국 소녀는 9세 때 공학 박사인 부모를 따라 미국으로 이민, 미국 동북 지구의 최고 명문인 필립 고등 학교를 최우등으로 졸업한 학생입니다. 당연히 이 학생은 백악관에서 매년 선발하는 전국 최우수 고등 학생으로 선정되어 수상 신청서를 받았습니다.

그러나 문제는 신청서의 국적 조항이었습니다. 국적이 미국이거나 미국 국적을 신청할 계획이 없으면 아무리 우수한 학생이라도 상을 신청할 자격이 없도록 규정되어 있었기 때문입니다. 왕 양은 신청서를 받은 후 그 같은 사실을 알게 되자 즉각 학교에 신청서를 내지 않겠다고 했습니다.

사람들은 이 여학생의 "어떤 영광도 내 조국보다 우선하지 못한다. 국적을 포기하느니 차라리 상을 포기하겠다."는 애국 애족의 행동에 찬사를 보냈습니다.

● 왕위안이라는 학생이 전국 최우수 학생 신청서를 거부한 까닭은 무엇인지 생각해 봅시다.

● 내가 만일 왕위안이라는 학생이었다면 어떻게 했을지 생각해 봅시다.

● 왕위안에게는 왜 조국인 중국이라는 나라가 그토록 중요했는지 생각해 봅시다.

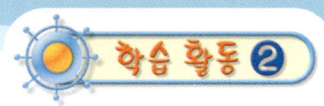

 이야기를 읽고, 물음에 답해 봅시다.

이야기 2

재일 동포의 김치

　재일 동포인 문인귀 씨는 두서너 살 때 어머니가 담그신 김치를 물로 씻어 먹었던 기억이 생생합니다.
　오사카에서 살고 계셨던 그의 할머니는 직접 담그신 김치를 유모차에 싣고 판매하셨습니다. 그리고 할머니는 문인귀 씨가 조선 대학교 2학년 때 세상을 떠나셨습니다. 장례식장에 가니 돌아가시기 직전까지 할머니가 담그셨다는 김치를 조문객들이 먹고 있었습니다.

　문인귀 씨는 결혼하기 전에 '결혼 상대는 김치를 담글 수 있는 재일 동포 여성'이어야 한다고 막연하게나마 생각하곤 했습니다.

　김치와의 이러한 인연이 40살이 되면서 김치 장사를 시작하게 하였는지 모릅니다. 문인귀 씨는 일본 동경 강동구에서 부인 변정순 씨와 함께 김치 장사를 하고 있습니다. 김치 장사를 한 지 10년이 지났지만 문인귀 씨는 우리 민족의 식생활에서 뗄래야 뗄 수 없는 김치를 담그고 판매하는 이 일에 긍지와 보람을 가지고 있다고 합니다.

- 재일 동포 문인귀 씨가 김치 장사를 하게 된 동기는 무엇인지 생각해 봅시다.

- 문인귀 씨가 김치를 담그고 판매하는 일에서 긍지와 보람을 가지는 까닭을 생각해 봅시다.

● 다음 이야기를 읽고, 우리 민족은 어떠한 민족이 되어야 하는지 생각해 봅시다.

 3

굳게 뭉친 이스라엘 인들

이스라엘의 국토의 크기는 우리 나라 충청 남북도의 넓이보다 조금 작습니다. 이스라엘의 인구는 510만 명으로 국토는 언덕과 산, 사막으로 되어 있어 살기에 좋지 못한 땅입니다.

그러나 그들은 나라가 없어 세계 곳곳에 흩어져 살아야 했던 뼈에 사무친 괴로움을 되씹으면서 요르단 강의 물을 끌어 사막을 옥토로 개척하였습니다. 그리고 그들의 말대로 그들의 바다에는 함선이 가득하고, 하늘에는 비행기가 뒤덮여 있으며, 사막과 황무지는 옥토로 변하였고, 공장마다 기계 소리가 힘차게 돌아가고 있습니다.

- 사막 지대를 옥토로 바꾸어 놓은 이스라엘 민족으로부터 본받을 점은 무엇인지 생각해 봅시다.

- 위의 이야기를 읽고 생각나는 우리 민족의 좋은 점도 이야기해 봅시다.

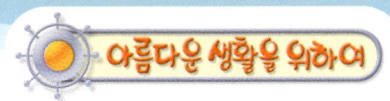

● 우리 민족의 고유한 생활 양식에는 어떤 것이 있는지 사진이나 그림 자료를 찾아 붙여 보고, 이를 보존하려면 어떻게 해야 할지 간단히 써 봅시다.

〈사진이나 그림 자료〉

• 보존하려면 어떻게 해야 할까요?

11 나라를 사랑하는 마음

활동 목표	▶ 나라와 나와의 관계를 알 수 있습니다. ▶ 나라의 발전을 위해 우리가 할 수 있는 일을 찾아보고 실천합니다. ▶ 나라의 발전을 위해 노력하려는 마음을 가집니다.	영역	국가·민족 생활 (애국)
유의 사항	▶ 나라의 발전을 위해 애쓰고 있는지 자신의 생활을 반성해 봅니다.	차시	21 - 22

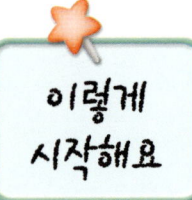

- '재일 동포 학도 의용군'을 읽고, 국가와 개인 간의 관계에 대해 생각해 봅시다.
  - 나와 우리 가족이 나라로부터 받고 있는 혜택이 무엇인지 알아봅시다.

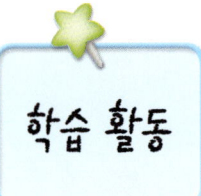

- 각 분야에서 나라 발전을 위해 애쓰시는 분들의 이야기를 찾아봅시다.
  - 나라의 발전을 위해 애쓰신 분들의 활동상과 본받을 점을 알아봅시다.

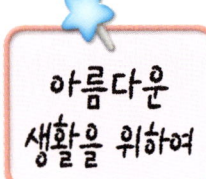

- 나라 발전을 위해 할 수 있는 일을 찾아 실천을 다짐해 봅시다.

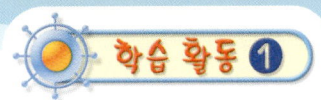

 다음 이야기를 읽고, 국가와 개인 간의 관계에 대해 생각해 봅시다.

재일 동포 학도 의용군

6·25 전쟁 때의 일입니다. 북한 공산군이 침략해 와서 나라가 매우 어려운 상황에 놓이게 되었습니다. 우리 젊은이들은 나라를 지키기 위해 전쟁터로 나갔습니다.

그런데 나라를 지키겠다고 나선 사람들은 나라 안의 젊은이들만이 아니었습니다. 일본에서 공부하고 있던 우리 동포 젊은이들도 나라를 지키는 데 기꺼이 참여하겠다고 나섰던 것입니다. 그들이 바로 '재일 동포 학도 의용군'이었습니다. 이처럼 우리 조상들은 나라가 위험에 처했을 때, 나라를 구하기 위해 기꺼이 나섰던 것입니다.

● '나'라면 어떻게 하였을지 생각해 봅시다.

● 나와 우리 가족은 나라로부터 어떤 혜택을 받고 있다고 생각하는지 써 봅시다.

● 나와 우리 가족이 나라 발전에 공헌하고 있는 점은 무엇인지 써 봅시다.

● 지금은 서기 2103년, 외계인이 지구를 침략하고 있습니다. 미국이 이미 외계인의 침략에 항복을 하였으며, 러시아, 중국, 유럽의 강국들이 차례차례 위험에 빠졌습니다. 외계인이 마지막으로 우리 나라를 침략하고 있습니다. 조선 시대에 왜적을 물리친 이순신 장군은 거북선을 만들어 왜적을 위협하며 우리 나라를 지켰습니다. 이제 여러분이 직접 최첨단 우주선을 만들어 외계인을 물리쳐 봅시다.

내가 만든 우주선 그리기

- 내가 만든 우주선의 이름 :

- 내가 만든 우주선에 대한 설명 :

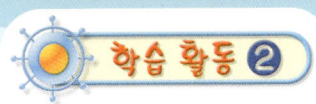

 나라의 발전을 위해 애쓰신 분들에 대해 알아봅시다.

● 각 분야에서 나라의 발전을 위해 애쓰신 분들의 이야기를 찾아 써 봅시다.

나라를 위해 애쓰신 분	하신 일
예) 소프라노 조수미	

● 우리 나라의 발전을 위해 내가 할 수 있는 일에는 무엇이 있을까요? 나의 각오를 써 봅시다.

● 다음은 김구 선생이 쓰신 '백범일지'의 한 부분입니다. 나라의 소중함을 생각하며 이 이야기를 읽고, 물음에 답해 보세요.

백범일지

▶ 백범 김구 선생

네 소원이 무엇이냐 하고 물으시면, 나는 서슴지 않고
"내 소원은 대한 독립이오."
하고 대답할 것입니다. 그 다음 소원이 무엇이냐 하면, 나는 또
"우리 나라의 독립이오."
할 것이요, 또 그 다음 소원이 무엇이냐고 하는 셋째 번 물음에도 나는 더욱 소리 높여서,
"나의 소원은 우리 대한의 완전한 자주 독립이오."
하고 대답할 것입니다.

　동포 여러분! 나 김구의 소원은 이것 하나밖에는 없습니다. 내 과거 70 평생을 이 소원을 위하여 살아 왔고, 현재에도 이 소원 때문에 살고 있으며, 미래에도 나는 이 소원을 달성하려고 살 것입니다. 독립이 없는 백성으로 70 평생 설움과 부끄러움을 받아 온 나에게는, 세상에서 가장 좋은 것이 완전하게 자주 독립한 나라의 백성으로 살아 보다가 죽는 일입니다. 나는 일찍이 우리 독립 정부의 문지기가 되기를 원하였습니다. 그것은 우리 나라가 독립만 되면, 나는 그 나라의 가장 미천한 자가 되어도 좋다는 뜻입니다. 왜 그런고 하면, 독립한 제 나라의 빈천이 남의 밑에 사는 부귀보다 기쁘고, 영광스럽고, 희망이 많기 때문입니다.

● 김구 선생에게서 본받을 점은 무엇입니까?

● 사람들에게 나라가 필요한 까닭은 무엇입니까?

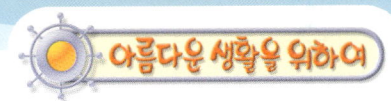

🔵 나라 발전을 위하여 나는 얼마나 노력하고 있는지 반성해 봅시다. 영역별로 실천할 수 있는 일을 정하여 자기 반성 후 기록해 봅시다.

영 역	실천한 일	노력함	보통임	노력이 부족함
맡은 일 잘 하기	수업 시간에 열심히 공부합니다.			
물자 절약하기	학용품을 아껴 씁니다.			
공공 질서 지키기	복도에서 뛰지 않고 좌측 통행합니다.			
봉사하기	어려운 친구를 돕습니다.			
환경 보호 하기	쓰레기는 분리하여 버립니다.			

12 평화 통일을 위하여

활동 목표	▶ 평화 통일을 이루어야 하는 까닭을 알 수 있습니다. ▶ 평화 통일을 위해 우리가 할 수 있는 일들을 찾아 실천할 수 있습니다. ▶ 통일이 되면 좋은 점을 알 수 있습니다.	영역	국가·민족 생활 (평화 통일)
유의 사항	▶ 통일을 위해 내가 실천할 수 있는 일은 무엇인가 생각해 봅시다.	차시	23 - 24

- '통일'을 생각하면 떠오르는 것들을 마인드 맵으로 표현해 봅시다.
- 남한과 북한에서 서로 다르게 쓰이는 언어들에 대해서 알아봅시다.

- '백두산에 올라서'를 읽고, 통일을 이루어야 할 필요성에 대해 생각해 봅시다.
- 북한 주민의 생활 모습을 신문에서 찾아 적어 봅시다.
- 평화 통일을 위하여 우리가 할 수 있는 일을 생각해 봅시다.

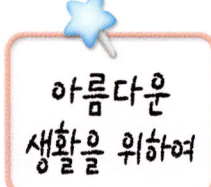

- 북한 어린이들에게 남한의 모습을 정답게 소개하는 글을 써 봅시다.

 '통일'을 생각하면 떠오르는 것들을 마인드 맵으로 표현해 봅시다.

● '남북 이산 가족 찾기' 사진을 보고, 이산 가족의 아픔에 대해 이야기해 봅시다.

▶ 이산 가족을 찾기 위해 모여든 사람들

▶ 이산 가족 상봉

● 텔레비전에서 이산 가족 상봉 장면을 보았겠지요? 어떤 마음이 들었나요?

● 이산 가족은 왜 생기게 되었나요?

● 남북 통일을 이루기 위해 우리들은 무엇을 해야 할지 생각해 봅시다.

● 남한과 북한에서 서로 다르게 쓰이는 언어들에 대해서 알아봅시다.

남한	북한	남한	북한
채소	남새	약수	샘물
(값이)싸다	눅다	출입문	나들문
분유	가루소젖	괜찮다	일없다
화장실	위생실	창의성	창발성
운동화	헝겊신	냉수욕	찬물미역
투피스	동강옷	빨리	날래
도시락	곽밥	삿대질	손가락총질
아이스 크림	얼음보숭이	뒷걸음질	물레걸음

● 남북한 언어의 동질성을 회복하기 위해서 우리는 어떠한 노력을 해야 할 것인지 써 봅시다.

● 우리가 사용하는 남한의 생활 용어의 문제점은 무엇인지 이야기해 봅시다.

 다음 이야기를 읽고, 통일을 이루어야 할 필요성에 대해 나의 생각을 써 봅시다.

백두산에 올라서

아버지께서는 최근에 백두산에 다녀온 사람들이 많은데, 모두 중국 쪽에서 보고 오는 것이라고 말씀하셨습니다. 재희는 궁금한 점을 여쭈어 보았습니다.

"북한이나 중국은 모두 같은 공산 국가인데, 왜 중국으로는 갈 수 있고, 북한으로는 백두산에 갈 수가 없나요?"

"그래, 아버지도 그 점을 몹시 안타깝게 생각한단다. 우리 민족의 정기가 서린 백두산을 남의 나라를 통해서만 갈 수 있다니 정말 애석하지. 중국과 우리는 서로 교류를 하니까 갈 수 있지만, 북한과는 아직 자유로운 왕래가 안 되고 있기 때문이란다."

재희는 하루빨리 남북한이 자유로이 오고 갈 수 있게 되었으면 좋겠다고 생각했습니다.

• 나의 생각 :

● 나는 북한과의 대화 협상에 나갈 남한측 어린이 대표입니다. 북한측 어린이 대표에게 하고 싶은 말이 정말 많을 거예요. 무엇을 말하고 싶습니까?

- 북한 어린이에게 제안할 내용을 써 봅시다.

- 왜 그것을 제안하였나요? 그 까닭도 써 봅시다.

● 북한 주민의 생활 모습이나 평화 통일을 위해 우리 나라가 노력하는 모습을 신문, 잡지 등에서 찾아 오려 붙이고, 그 내용도 적어 봅시다.

● 평화 통일을 위하여 우리가 할 수 있는 일들에는 어떤 것이 있을까요?

-
-
-
-

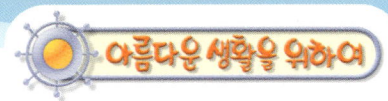

● 통일이 되면 남북한 사람들이 서로 어울려 살아가게 될 것입니다. 그 때에 중요한 것은 서로 잘 이해하고 조화를 이루며 살아가는 것입니다. 그런데 남한과 북한의 생활 모습이 많이 다릅니다. 만약, 지금 통일이 되어 여러분이 북한 어린이들에게 남한에 대해서 소개한다면 무엇을 이야기해 줄 것인지 써 봅시다.

• 소개하고 싶은 것 :

13 다른 나라의 문화 생활

활동 목표	▶ 국제 문화 교류는 전통 문화와 외래 문화가 조화를 이루어야 함을 알 수 있습니다. ▶ 세계 문화 유산에 대한 자료를 체계적으로 수집하고 설명할 수 있습니다. ▶ 국가 간의 문화 교류 및 외래 문화 수용에 대한 바람직한 태도와 의지를 가집니다.	영역	국가 · 민족 생활 (애국)
유의 사항	▶ 문화와 문물의 교류와 관련하여 자신의 생활을 반성해 봅시다.	차시	25 - 26

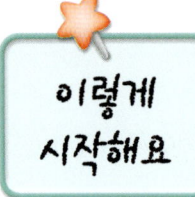

- 유네스코가 지정한 세계의 문화 유산을 나라별로 조사해 봅시다.
- 문화 교류의 필요성과 외국의 문화를 이해하기 위한 방법을 생각해 봅시다.

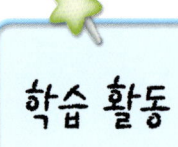

- 외국 문화를 받아들이는 바람직한 태도에 대해 알아봅시다.
- 우리의 문화 유산을 세계 어린이들에게 소개하는 글을 써 봅시다.

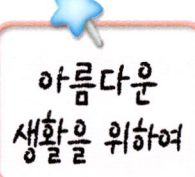

- 세계 여러 나라의 문화 유산, 풍습 등에 대해 알아보면서 알게 된 점과 느낀 점을 이야기해 봅시다.

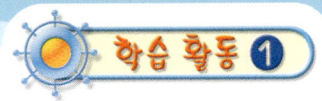

 유네스코가 지정한 세계의 문화 유산을 나라별로 조사해 봅시다.

나라 이름	문화 유산

● '뿔 달린 아기토끼' 이야기가 나라 사이의 문화 교류와 관련하여 우리에게 주는 교훈에 대해서 생각해 봅시다.

뿔 달린 아기토끼

어느 숲 속 마을에 아기토끼가 평화롭게 살고 있었습니다. 매일 똑같은 일상에 지루함을 느끼던 아기토끼는 멀리 있는 큰 산을 향해 달려갔습니다. 거기에는 온갖 예쁜 꽃들과 여러 동물들이 있었습니다. 특히, 여러 동물 중에서도 머리에 왕관처럼 멋진 뿔이 달린 사슴의 모습은 아기토끼의 마음을 사로잡았습니다. 그에 비해 자신은 너무나 초라하고 볼품 없게 생각되었습니다. 그러나 사슴들은 아기토끼를 매우 귀여워하며 재미있게 놀아 주었습니다.

숲 속 마을로 돌아온 아기토끼는 할아버지를 졸랐습니다.

"나도 머리에 멋진 뿔을 갖고 싶어요."

아기토끼의 끈질긴 성화에 견디다 못 한 할아버지는 요술 도깨비의 집을 알려 주고, 그에게 찾아가서 부탁하도록 하였습니다. 도깨비는 아기토끼의 소원대로, 머리에 사슴과 같은 모양의 작은 뿔을 달아 주었습니다. 아기토끼는 물 위에 비친 자신의 모습이 아름답고 멋져 보여 너무 기뻤습니다.

머리에 뿔을 단 아기토끼는 신이 나서 큰 산에 있는 사슴들에게 달려갔습니다. 그리고 이제 자신도 그들과 비슷한 친구가 되었다고 말했습니다. 그러나 예전과는 달리, 어떤 사슴도 아기토끼와 함께 놀려고 하지 않았습니다. 힘없이 돌아서는 아기토끼에게 아기사슴이 다가와서 말했습니다.

"토끼야, 우리가 너를 예뻐하고 함께 놀기를 원했던 것은, 네가 우리 사슴과는 달리, 매우 귀엽고 천진스러운 모습을 지니고 있었기 때문이었단다. 그러나 이제 더 이상 너의 그 귀여운 모습을 볼 수 없게 되었구나."

실망한 아기토끼는 숲 속 마을로 돌아왔습니다.

그러나 마을 친구들도 이제 사슴처럼 머리에 뿔이 달린 아기토끼를 더 이상 친구로 받아들여 주지 않았습니다.

아기토끼는 이제 사슴과도 함께 놀 수 없고, 토끼들과도 친구가 될 수 없게 되었습니다.

● 이 이야기가 나라 사이의 문화 교류와 관련하여 우리에게 주는 교훈에 대해 써 봅시다.

● 우리가 어른이 된 30년 후의 세계의 모습과 서로 왕래하고 교류하게 될 방식에 대하여 상상해서 써 봅시다.

● 세계 사람들의 언어와 풍속, 생김새와 생활 방식 등은 모두 다릅니다. 만약 모든 것이 똑같다면 어떨까요? 지금의 세계와 비교해 가면서 어떤 장점과 단점이 있을지 써 봅시다.

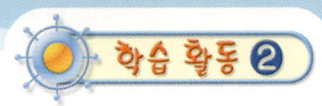

 외국 문화를 받아들이는 바람직한 태도와 세계적으로 자랑할 만한 훌륭한 우리 문화에 대해 알아봅시다.

● 외국의 문화나 문물이 우리 나라에 들어온 사례를 생각하여 봅시다. 외국 사람들과 그들의 문화를 대하는 우리의 자세 가운데 잘못된 점을 찾아봅시다. 그리고 어떤 점에서 잘못된 것인지 써 봅시다.

외국 문화에 대한 반성

- 필요하지도 않은데, 유명 캐릭터가 그려져 있어 값비싼 외제 학용품을 샀다.

-

-

-

-

-

-

● 나는 국제 문화 교류를 위해 유네스코에서 활동하는 우리 나라의 문화 사절단입니다. 우리 나라의 문화재 중에서 소중히 가꾸고 지키면서 다른 나라에 널리 알려야 할 자랑할 만한 문화를 한 가지 선택하여 소개하는 글을 써 봅시다.

– 문화 유산 –

자랑거리	
자랑할 내용	

● 우리 나라가 자랑하는 문화 유산을 세계 어린이들에게 소개하는 글을 정겹게 써 봅시다.

_____ 어린이에게

년 월 일

_____ 씀

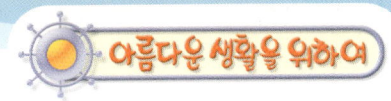

● 여행해 보고 싶은 나라를 생각해 봅시다. 여행하고 싶은 나라들의 국기를 찾아 사진이나 그림을 붙여 보고, 국기의 이름과 국기에 담겨 있는 뜻을 함께 알아봅시다.

- 가 보고 싶은 나라 :

- 가 보고 싶은 이유 :

- 그 나라의 국기 :

국기의 사진이나 그림 붙이는 곳

- 국기의 이름 :

- 국기에 담겨 있는 뜻 :

14 살기 좋은 지구촌

활동 목표	▶ 지구촌 모든 나라의 사람들이 행복하게 살기 위해 어떻게 해야 하는지를 알 수 있습니다.	영역	국가·민족 생활 (행복한 인류 사회 건설)
유의 사항	▶ 행복한 인류 사회를 건설하기 위해서는 나라마다 서로 돕고 양보해야 한다는 것을 알게 합니다.	차시	27 - 28

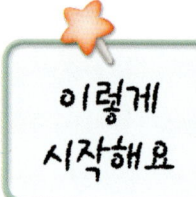

- 평화로운 지구촌을 만들기 위해 노력하는 단체나 사람들에 대하여 알아봅시다.
  - '열린 의사회에 바라는 한 마디'를 읽고, '열린 의사회'가 설립된 목적과 '열린 의사회'가 잘 운영되기 위해서 우리가 할 일을 알아봅시다.
  - '인류 사랑을 실천한 버다 홀트'를 읽고, 감사하는 마음을 담아 편지를 써 봅시다.

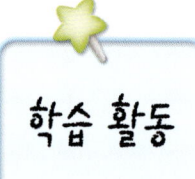

- 평화로운 지구촌을 만들기 위해 우리가 실천할 수 있는 것들에 대하여 생각해 봅시다.
  - '지금 지구촌에서는'을 읽고, 유니세프 한국 대사가 되어 포스터를 그려 봅시다.
  - '함께 사는 외국인 근로자'를 읽고, 외국인 근로자들에게 어린이 기자가 되어 인터뷰할 질문을 만들어 봅시다.

- 세계 문화 올림픽 조직 위원장이 된다면 어떤 활동을 할 것인지에 대하여 생각해 보고, 그러한 뜻이 담긴 깃발을 그려 봅시다.

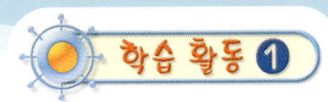 학습 활동 ❶

 평화로운 지구촌을 만들기 위해 노력하는 단체나 사람들에 대하여 알아봅시다.

● 다음 이야기를 읽고, 인류 사랑에 대하여 생각해 봅시다.

 1

'열린 의사회'에 바라는 한 마디

▶ 국경과 인종, 문화를 초월하여 사랑을 실천하는 '열린 의사회'

'국경 없는 의사회'처럼 더욱더 발전하여 지구촌 어디든지 사명감을 갖고 달려갈 수 있도록 발전했으면 좋겠습니다.

아픈 사람처럼 힘없고 불쌍한 사람은 없을 것입니다. 환자가 있고 소외된 이웃이 있는 곳이라면 국경과 인종, 그리고 문화를 초월하여 사랑의 마음으로 달려가 그들을 뜨거운 가슴으로 보듬고 싶습니다.

이 같이 '열린 의사회'가 더 크고 많은 봉사를 하려면 회원들 간의 보다 적극적인 노력과 희생, 그리고 열정이 있어야겠지만 더 많은 사람들이 봉사에 같이 동참할 수 있어야 하며, 경제적 도움이 절실합니다.

보다 나은 의료진과 시스템도 갖추어야 할 것이며, 그들을 위해 항상 준비된 손이 되고 발이 되어야 할 것입니다.

- '열린 의사회'가 설립된 목적은 어디에 있는지 생각해 봅시다.

- '열린 의사회'가 하는 일을 도우려면 우리들은 어떠한 일들을 할 수 있는지 생각해 봅시다.

🔴 다음 이야기를 읽고, 홀트 여사가 추구했던 인류 사랑에 대하여 생각해 봅시다.

인류 사랑을 실천한 버다 홀트

홀트 여사는 2000년 7월 경기도 일산에 있는 홀트 복지 동산에 잠들기까지 우리 나라를 '제2의 고향'으로 생각하고, 우리 나라 고아들의 '수호 천사'로 한평생을 바쳤습니다.

6·25 전쟁 직후인 1955년에 우리 나라 고아들에 대한 다큐멘터리를 본 것이 계기가 되어, 고아와 장애인을 돌보게 되었다고 합니다. 홀트 여사는 이미 미국에 여섯 명의 자녀를 두고 있었지만, 6·25 전쟁으로 고아가 된 여덟 명의 아이들을 데려다가 사랑과 정성으로 키웠습니다. 그리고 그 후로도 홀트 국제 아동 복지 재단을 설립하여 고아와 중증 장애인을 편견 없이 돌보았습니다.

- 홀트 여사가 우리 나라 고아들과 장애인들을 돌보게 된 계기는 어떤 것이었는지 생각해 봅시다.

- 홀트 여사에게서 우리는 어떤 것들을 본받아야 할지 생각해 보고, 홀트 여사에게 편지를 써 봅시다.

홀트 여사님께

_____

_____

_____

년   월   일
올림

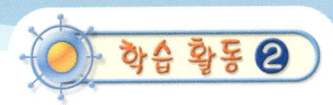

 평화로운 지구촌을 만들기 위해 우리가 실천할 수 있는 것들에 대하여 생각해 봅시다.

● 다음 이야기를 읽고, 우리가 할 수 있는 일들을 생각해 봅시다.

지금 지구촌에서는

▶ 식량 배급을 받고 있는 난민촌 아이들

5초에 2명, 1분에 24명(이 중 18명은 어린이), 1일에 3만 5천 명이 굶어 죽어가고 있습니다.

- 해마다 25만 명 이상의 어린이들이 비타민 A의 결핍으로 실명.
- 지난 5년 동안 굶주림으로 목숨을 잃은 사람들이 150년에 걸쳐 이 지구상에서 일어난 모든 전쟁과 유혈 혁명 등의 살상으로 인해 죽은 사람들보다 더 많습니다.
- 세계 인구 중 10억의 사람들이 영양 결핍으로 각종 장애를 겪고 있으며, 6명 중 1명 꼴로 굶주림의 고통을 느끼며 잠자리에 듭니다.
- 1억 8천만 명이 넘는 어린이들이 만성적인 영양 부족으로 치명적인 손상을 입고 살아가야 합니다.

● 굶어서 죽어 가고 있는 어린이들을 위해서 우리들이 할 수 있는 일을 생각해 봅시다.

● '유니세프'라는 세계의 어린이를 돕는 국제 기구의 대사가 되었다고 생각하고, 어린이 보호를 내용으로 하는 포스터를 그려 봅시다.

● 다음 이야기를 읽고, 우리 나라의 외국인 근로자 실태를 알아보는 기자가 되어 여러 가지 질문을 하여 봅시다.

함께 사는 외국인 근로자

▶ 외국인 근로자들의 인권을 위해 많은 단체와 사람들이 힘쓰고 있다.

충청 북도 음성군에 1,200여 개의 공장이 입주하면서 이에 필요한 인력 수급책으로 외국인 근로자들이 들어와 있습니다.

정식 산업 연수생 200여 명과 일반 기업체 취업 근로자는 300여 명으로 추산되어 약 500여 명의 외국인 근로자가 거주하고 있습니다.

이들은 언어와 문화가 다른 곳에 와서 정신적, 육체적 또는 언어나 생활에서 여러 가지로 고통을 겪고 있습니다.

이들에 대해 인간적 배려와 친절을 베풀어 줌으로써 한국에 대한 좋은 이미지를 심어 주고, 또한 인류 사랑을 실천해야 하겠습니다.

• 질 문 :

● 다음 이야기를 읽고, 세계 문화 올림픽 조직 위원장이 된다면 어떤 활동을 할 것인지에 대해 생각해 보고, 세계 문화 올림픽을 상징하는 깃발을 그려 봅시다.

세계 문화 올림픽 개최 추진

　종교, 인종, 민족, 국가가 아닌 지구를 중심 가치로 한 지구 문명 창조의 의지와 상징으로서 세계 문화 올림픽 개최를 추진합니다.
　세계의 평화 리더들과 함께 세계 문화 올림픽 조직 위원회를 구성하고, 2006년 제1회 세계 문화 올림픽을 개최합니다.

• 세계 문화 올림픽의 활동 내용을 써 봅시다.

• 세계 문화 올림픽 상징 깃발을 그림으로 나타내어 봅시다.

15 환경을 내 몸같이

활동 목표	▶ 환경의 소중함을 알고, 환경을 보호하고 아껴야만 하는 필요성을 알 수 있습니다.	영역	사회 생활 (환경 보호의 필요성)
유의 사항	▶ 환경을 보호하는 것을 일상 생활에서 실천할 수 있다는 것을 깨닫게 합니다.	차시	29 - 30

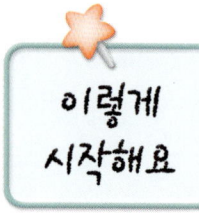

- 환경 보호의 중요성과 환경 문제에 대해 생각해 봅시다.
  - 컵라면을 먹을 때 생겨나는 환경 문제를 생각해 봅시다.
  - 환경에 관한 그림이나 기사를 신문에서 스크랩하여 봅시다.

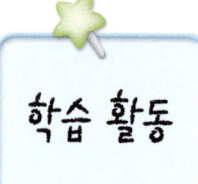

- 일상 생활 속에서의 환경 보호 실천에 대하여 생각해 봅시다.
  - '현대 문명과 자원 소비'를 읽고, 식량 자원의 부족에 대해 생각해 봅시다.
  - '우리 조상들의 환경 보호'를 읽고, 자연을 효율적으로 이용하는 방법에 대해 알아봅시다.
  - 환경 일기를 써 봅시다.

- 싱그러운 자연을 만났을 때 어떤 느낌을 갖게 되는지 생각해 봅시다.

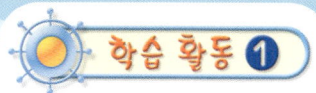

 환경 보호의 중요성과 환경 문제에 대해 생각해 봅시다.

● 환경을 왜 보호해야 할까요?

● 컵라면을 먹을 때 생겨나는 환경 문제들에는 어떠한 것들이 있는지 글과 그림으로 나타내어 봅시다. (컵라면이 일회용 그릇에 들어 있다는 것을 생각하고 활동해 보세요.)

- 컵라면 그릇에 들어 있는 환경 호르몬

- 먹고 남은 국물이 환경에 미치는 영향

- 컵라면을 먹고 남은 그릇이 처리될 때의 문제점

● 신문에서 환경에 관한 그림이나 기사를 스크랩하여 붙여 보고 환경 보호의 필요성을 생각해 봅시다.

• 환경 보호의 필요성

 일상 생활 속에서의 환경 보호 실천에 대하여 생각해 봅시다.

● 다음 이야기를 읽고, 식량 자원의 부족에 대하여 생각해 봅시다.

현대 문명과 자원 소비

▶ 옥수수를 수확 중인 미주리 주의 평원

　현재 세계적인 식량 자원의 결핍 문제가 등장하고 있습니다. 그 원인으로는, 기하 급수적인 인구 증가로 머지않아 식량의 절대량이 부족하게 될 것이라는 점도 있지만, 구조적인 문제점으로는 선진 산업 국가 사람들의 고지방 음식 위주의 식생활 습관 때문에 일어나는 식량 공급의 불균형 때문입니다. 고기류를 생산하는 데 드는 곡물을 따져 보면, 미국의 경우 1kg을 생산하는 데 5kg의 옥수수와 콩이 소비됩니다. 고기류 소비자들을 먹이는 데 전세계 곡물 생산량의 약 40%, 즉 세계 전체 경작지의 4분의 1에서 생산되는 모든 곡물이 소비됩니다.

　이러한 사실은 개발 도상국이나 후진국에서 선진국의 육류 공급을 위해 수출용 곡물 생산을 하게 되는 과정에서 그 비효율성이 나타나고, 일부 국가에서는 굶어 죽는 현상과 매우 심한 빈곤이 생겨나게 되는 것입니다.

- 세계적으로 식량 자원이 부족한 까닭은 무엇이라고 했나요?

- 어떻게 하면 세계적인 식량 자원 부족 현상을 막을 수 있는지 생각해 봅시다.

- 나의 식습관은 어떠한지, 그리고 고칠 점은 무엇인지 생각해 봅시다.

● 다음 이야기를 읽고, 자연을 효율적으로 이용하는 방법에 대하여 생각해 봅시다.

우리 조상들의 환경 보호

성읍 민속 마을에서는 전통적으로 빗물을 정화해서 식수로 사용하던 방식을 재현하고 있습니다.

그 방법은 다음과 같습니다.

마을 어귀에는 고목으로 된 감나무가 있고, 이 감나무 표피는 짚으로 감겨져 있습니다. 비가 와서 이 감나무에 빗물이 떨어지면 표피에 감겨진 짚다발로 물이 모아지고, 이 물들이 모두 고목화된 감나무 표피의 껍질 사이로 흐르면 다공질인 표피는 빗물 중에 나쁜 성분들을 모두 빨아들입니다.

이와 같이 처리된 빗물은 다시 짚다발을 타고 흘러내려 감나무 밑에 세워 둔 항아리로 모여들고, 이를 받아서 식수로 사용하는 것입니다.

- 성읍 민속 마을에서 하는 일에서 본받을 점에 대하여 생각해 봅시다.

- 가정에서 빗물을 다시 사용할 수 있는 방법에 대해 생각해 봅시다.

- 우리들이 가정에서 사용한 식용유나 비누 찌꺼기, 쌀뜨물 등을 어떻게 사용하면 좋을지 생각해 봅시다.

● 자연 환경을 보호하기 위한 활동을 한 후 환경 일기를 써 봅시다.

년   월   일   날씨

제목 :

아름다운 생활을 위하여

● '자연과의 만남'에 대하여 생각해 봅시다.

• 자연과 만나면 어떤 느낌이 생기는지 만나는 자연과 함께 그 느낌을 그림으로 표현해 봅시다.

• 자연의 소리들은 어떠한지 적어 봅시다.

• 아름다운 자연을 만드는 데 앞으로 내가 해야 할 일에 대하여 생각해 봅시다.

16 소중한 생명들

활동 목표	▶ 생명의 소중함을 알고, 생명을 보호하고 아끼려는 태도와 의지를 지닙니다.	영역	개인 생활 (생명의 소중함)
유의 사항	▶ 우리 주변의 생물들을 가볍게 여기지 않고 늘 고마운 마음으로 대하고 보호할 줄 아는 태도를 지니게 합니다.	차시	31 - 32

이렇게 시작해요

- 생명의 소중함과 생명 보호에 대하여 생각해 봅시다.
  - 일상 생활에서 개미나 기타 곤충을 대하는 태도를 통해 생명에 대한 생각을 반성해 봅시다.
  - '겨울에 나무는 어떻게 지낼까요?'를 읽고, 우리 주변의 나무들에 대하여 생각해 봅시다.

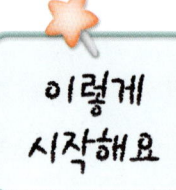

학습 활동

- 생명 복제 및 유전자 변형 농산물이 우리에게 어떤 영향을 주는지 생각해 봅시다.
  - '인간 복제'를 읽고, 생명 복제에 대하여 생각을 해 봅시다.
  - '유전자 변형 농산물'을 읽어 보고, 유전자를 바꾼 각종 농산물들이 우리들에게 어떠한 영향을 주는지 생각해 봅시다.

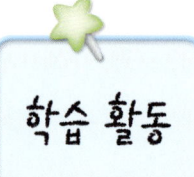

아름다운 생활을 위하여

- 우리 주변에서 내가 생명을 보호할 수 있는 일들을 글과 그림으로 나타내 봅시다.

 생명의 소중함과 생명을 보호하고 아끼려는 태도에 대해 생각해 봅시다.

🔴 평소에 개미나 벌, 나비, 잡초 등의 생물들을 보고 어떠한 행동을 했는지 알아봅시다.

- '개미'를 길가나 산에서 만났을 때 어떻게 행동했나요?

- 산이나 들, 학교 화단 등에서 나비나 벌들을 만났을 때 어떻게 행동했나요?

- 잡초나 집에서 기르고 있는 화초들을 어떠한 마음으로 대하고 있는지 생각해 봅시다.

● 다음 이야기를 읽고, 우리 주변의 나무들에 대하여 생각해 봅시다.

겨울에 나무는 어떻게 지낼까요?

　매우 추운 겨울에 나무는 어떻게 지낼까요? 추위를 느끼는 정도가 사람마다 다른 것처럼, 나무들도 추위를 느끼는 정도가 각기 다릅니다. 추위를 견디며 봄을 기다리는 나무들은 어떠한 마음일까요?

　나무의 껍질은 사람의 얼굴이나 마찬가지로 나무를 구별하는 데 도움을 줍니다. 이러한 나무의 얼굴을 명확하게 관찰할 수 있는 계절이 바로 겨울입니다.

　각각의 서로 다른 나무 껍질로 나무를 알아보는 체험을 해 봅시다. 단순히 우리의 육안으로 나무 껍질의 모양이나 색깔 등으로 구별하기보다 우리의 촉각이나 후각을 활용해서 접근해 봅시다.

- 나무를 눈으로 보았을 때와 직접 만져 보고 냄새를 맡아 보았을 때의 차이점은 어떤 것일까요?

- 나무처럼 추운 겨울을 지내는 것을 통해 우리는 어떤 것들을 깨달을 수 있을까요?

- 장수풍뎅이나 사슴벌레 등이 상품화되어 죽고 나면 다시 살 수 있다는 생각은 올바른 것인지 생각해 봅시다.

 생명 복제 및 유전자 변형 농산물이 우리에게 어떤 영향을 주는지 생각해 봅시다.

● 다음 이야기를 읽고, 생명 복제에 대하여 생각해 봅시다.

인간 복제

똑같은 두 명의 인간이 있습니다. 복제된 가짜가 분명 있건만 외모뿐만 아니라 기억조차 일치해 자신들도 내가 너인지 네가 나인지 구별할 수 없다면 당신은 어떻게 할 것입니까? 물론, 이것은 현실이 아닌 '여섯 번째 날'이라는 영화의 내용입니다. 그러나 생명 공학 기술이 발전하면서 현실에서 한 번쯤 자기 자신의 복제에 대하여 생각해 볼 필요가 있을 것입니다.

• 인간을 복제함으로써 좋은 점을 생각해 봅시다.

• 인간을 복제함으로써 생겨나는 문제점을 생각해 봅시다.

• 인간 복제에 대한 나의 생각은 찬성인지 반대인지에 대하여 생각해 봅시다.

● 다음 이야기를 읽고, 유전자 변형 농산물에 대하여 생각해 봅시다.

유전자 변형 농산물

2000년 1월, 세계 133개국 대표들은 캐나다 몬트리올에서 생명 공학 의정서를 채택하는 데 합의했습니다. 이로써 농산물 수입국들은 유전자 조작 농산물에 대해 수입 제한 조치를 취하고, 자연산 제품과 구분해 유전자 조작 농산물 표시를 할 수 있는 근거를 갖게 되었습니다.

국내의 콩, 옥수수, 감자, 콩나물 모두 4종류 곡물의 전체 수입량의 18% 가량이 유전자 변형 농산물로, 3월 1일부터 유전자 조작 농산물 의무 표시제가 시행되었습니다.

미국의 한 생명 회사는 유전자 변형 쌀을 생산할 예정이어서, 우리가 먹는 쌀까지 유전자가 변형된 것으로 바뀔 때가 올지 모른다고 합니다.

● 유전자 변형 농산물은 우리 인체에 어떠한 영향을 줄지 생각해 봅시다.

● 유전자 변형 농산물은 우리 인류 사회에 좋은 영향을 주는 점도 있을 것입니다. 그것에 대하여 생각해 봅시다.

● 우리 가정에서 먹는 두부나 기타 농산물 중에서 유전자 변형 농산물로 만든 것들을 찾아보고, 그것을 먹은 뒤에 느낌도 이야기해 봅시다.

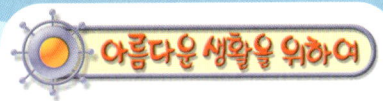

● 우리 주변에서 내가 생명을 보호할 수 있는 일들을 생각해 봅시다.

• 식물들을 살리고 보존할 수 있는 일들을 그림과 글로 나타내어 봅시다.

• 동물들을 살리고 보존할 수 있는 일들을 그림과 글로 나타내어 봅시다.

• 이제까지 내가 들었거나 읽은 내용들 중에서 생명을 위한 아름다운 일들을 다시 한 번 생각해 보고, 본받을 점들을 생각해 봅시다.

도움 주신 분들

연구위원
- **이동태**(예일초등학교 교장)
- **예성옥**(서울북성초등학교 교감)
- **홍진복**(서울대신초등학교 교감)

집필위원
- **대표집필**(홍진복/서울대신초등학교 교감)
- **1단계**(문인화/서울신사초등학교 교감)
- **2단계**(예성옥/서울북성초등학교 교감, 이봉숙/서울서교초등학교 부장교사)
- **3단계**(이창건/예일초등학교 부장교사)
- **4단계**(김경아/서울신사초등학교 부장교사, 박동배/서울서교초등학교 부장교사)
- **5단계**(이동태/예일초등학교 교장, 이창건/예일초등학교 부장교사)
- **6단계**(박왕준/서울성산초등학교 부장교사, 이희갑/유석초등학교 부장교사)

초등 학교 인성 교육 ❺단계
환경을 내 몸같이

인쇄일 · 2016년 4월 15일 개정판 1쇄
발행일 · 2016년 4월 25일 개정판 1쇄

지은이 · 홍진복, 이동태, 이창건　**발행인** · 김표연　**펴낸곳** · (주)상서각
등　록 · 2015. 6. 10. (제25100-2015-000051호)
주　소 · 서울시 은평구 은평로 13길 11-5 2층
전　화 · (02)387-1330　FAX · (02)356-8828